모든 언어는 평등하다

지구 상의 모든 언어는
인류 공동체 문명 발전의 발자취입니다.
힘이 센 나라의 언어라 해서 더 좋거나 더 중요한 언어가 아닌 것처럼,
많은 사람들이 쓰지 않는 언어라 해서 덜 좋거나 덜 중요한 언어는 아닙니다.

문화 다양성에 따른 언어 다양성은 인류가 서로 견제하고
긍정적인 자극을 주고받으며 소통, 발전할 수 있는 계기가 됩니다.
그러나 안타깝게도 현재 일부 언어가 '국제어'라는 이름 아래
전 세계 사람들에게 강요되고 있습니다.

언어평등의 꿈은 전 세계 모든 언어를 학습할 수 있는 어학 콘텐츠를
개발하는 것입니다. 어떠한 언어에도 우위를 주지 않고, 다양한 언어의 고유
가치를 지켜나가겠습니다. 누구나 배우고 싶은 언어를 자유롭게 선택해서
배울 수 있도록 더욱 정진하겠습니다.

언어평등은 문예림의 아날로그와 디지털을 아우르는
어학 콘텐츠 브랜드입니다.
56년째 언어 생각뿐.

언어평등 시리즈
첫걸음

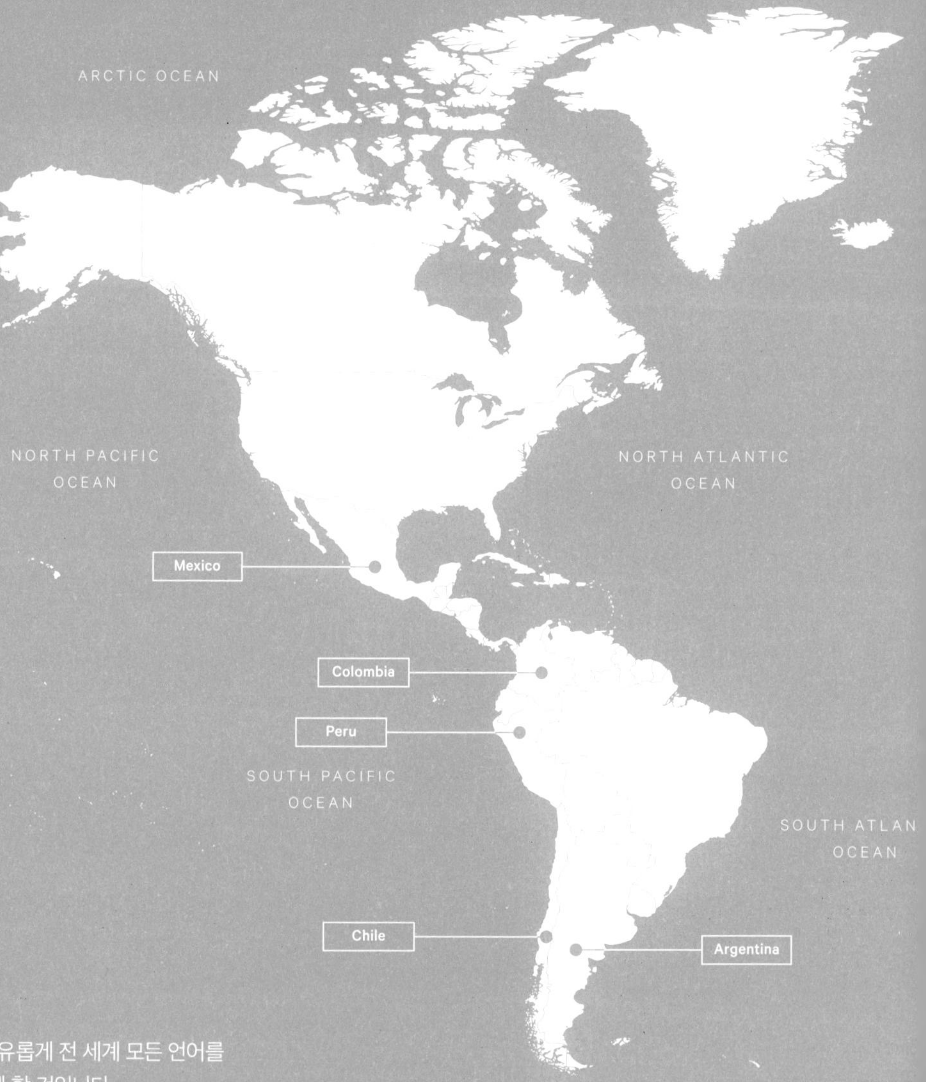

언어평등은 누구나 평등하고 자유롭게 전 세계 모든 언어를 학습 할 수 있도록 여러분과 함께 할 것입니다.

스페인어는 이베리아 로망스어군에 속하는 로망스어의 하나이다. 스페인 북부 지역에서 기원하여 아메리카 대륙에 널리 퍼졌으며, 아프리카 및 아시아 태평양 지역에도 상당한 영향을 주었다. 현재 포르투갈, 브라질을 제외한 라틴아메리카, 미국, 적도 기니, 서사하라 등의 지역에서 사용되고 전 세계에서 약 4억 5200만 명의 인구가 모국어로 사용하고 있다.

Spain
ARCTIC OCEAN
NORTH PACIFIC OCEAN
INDIAN OCEAN

동영상 강의 시청하기

언어평등 (www.EQlangs.com) 구매하면
해당도서의 강의를 보실 수 있습니다.
저자가 알려주는 언어 이야기도 보실 수 있습니다.

MP3 다운로드 방법

1단계
언어평등 (www.EQlangs.com) 사이트
고객센터 - 자료실 - MP3 들어오기

2단계
제목______________에 찾고자 하는
도서명을 입력 후 검색하세요.

www.EQlangs.com

평등한 언어 세상을 위한 시작

쉬운 언어 첫걸음

평등한 언어 세상을 위한 시작

스페인어 첫걸음

Español básico, el inicio para

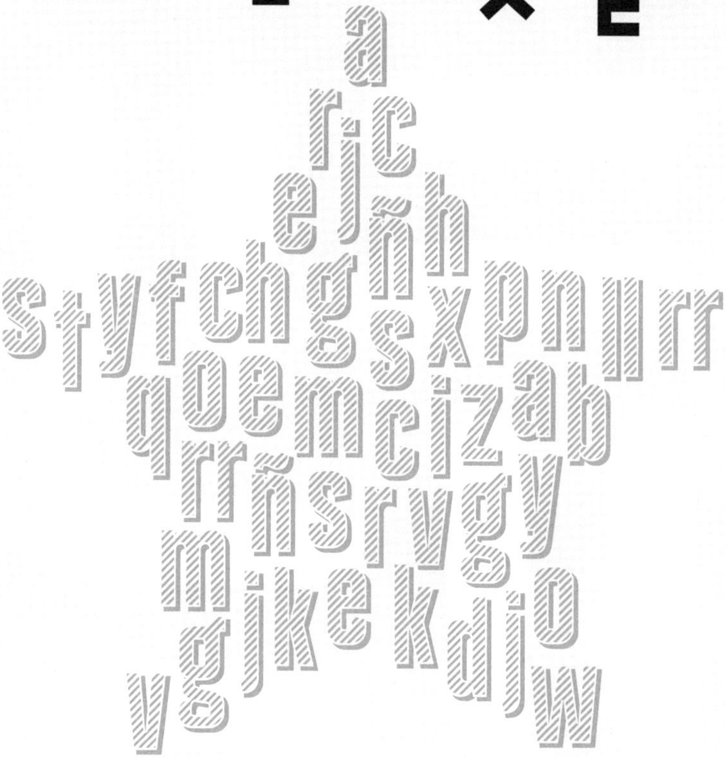

un mundo de igualdad en los idiomas

언어평등

평등한 언어 세상을 위한 시작

스페인어 첫걸음

초판 1쇄 인쇄 2019년 3월29일
초판 1쇄 발행 2019년 4월 5일

지은이 박은주
펴낸이 서덕일
펴낸곳 언어평등

출판등록 2018.6.5 (제2018-63호)
주소 경기도 파주시 회동길 366 3층 (10881)
전화 (02)499-1281~2 **팩스** (02)499-1283
전자우편 info@moonyelim.com
홈페이지 www.moonyelim.com

ISBN 979-11-964086-3-3 (13770)
값 15,000원

머리말

Prólogo

스페인어는 영어 다음으로 세계에서 국어로 많이 쓰이는 언어로, 라틴 아메리카를 비롯한 무려 21개국에서 국어로 사용하고 있으며 유엔과 그 산하기구, 유럽 연합과 기타 국제 기구의 공용어로도 널리 알려져 있습니다.

스페인의 다채로운 문화와 축제들, 흥미로운 역사, 활기차고 친근한 사람들, 다양한 먹거리들, 일년 내내 좋은 날씨는 스페인을 가장 인기 있는 여행지로 만들기에 손색이 없습니다. 간단한 스페인어를 공부하고 가신다면 여행지에서의 매력과 기쁨이 두 배가 될 것입니다.

새로운 언어를 배운다는 기쁨에 스페인어에 쉽게 도전했다가 복잡한 동사 변화와 까다로운 문법에 좌절하고 중도 포기하는 경험을 한 학습자들이 적지 않을 거라 생각됩니다. 이러한 학습자들의 스페인어 학습의 어려움을 이해하고 좀 더 편안하고 쉽게 다가가고자 본 교재 집필을 시작하게 되었습니다.

본 교재는 왕초보 스페인어 학습자들을 위한 말하기 교재로서 간단한 문법 설명과 함께 회화 연습을 동시에 함으로써 말문이 트이게 만드는데 목표를 두고 집필하였습니다. 그 동안의 현장 강의와 현지 경험, 다양한 교재 집필 경험을 바탕으로 초보 학습자들에게 가장 필요한 핵심 내용만을 간추려서 가장 쉽게 설명하는데 초점을 맞추었습니다.

본 교재의 저자의 동영상 강의는 20강 20일 완성이라는 목표로 제작되었습니다. 동영상과 병행하여 공부하신다면 효과 백배의 결과를 경험하실 수 있을 겁니다.

이 책이 스페인어로 세계로 문을 두드리는 초보 학습자들에게 친절한 길잡이 역할을 하는 교재가 되었으면 하는 작은 바램을 가져 봅니다. 본 교재와 동영상 제작에 도움을 주신 분들에게 감사함을 전합니다.

알파벳과 발음_문자는

2차적인 기억의 시스템이다

알파벳과 강세를 배움으로써 스페인어 발음하는 방법을 배워보도록 합시다. 스페인어 발음이 다른 언어에 비해 쉽기는 하지만 초보 단계에서는 명확한 발음과 함께 정확한 강세를 주어 발음하는 연습을 하는 것이 중요합니다.

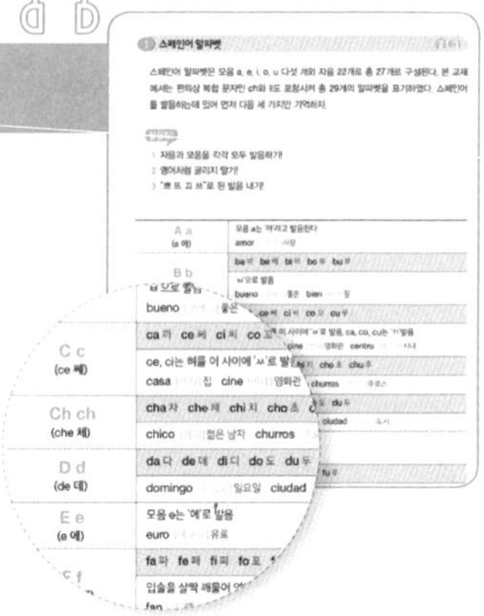

Diálogo del día 상황별 기본 회화

경청은 지혜의 특권이다

오늘 배울 대화문을 먼저 소개합니다. 가장 실용적인 상황을 쉬운 문장으로 구성하였습니다. 초보자를 위해 5과까지는 한국어 독음을 표기해 두었습니다.

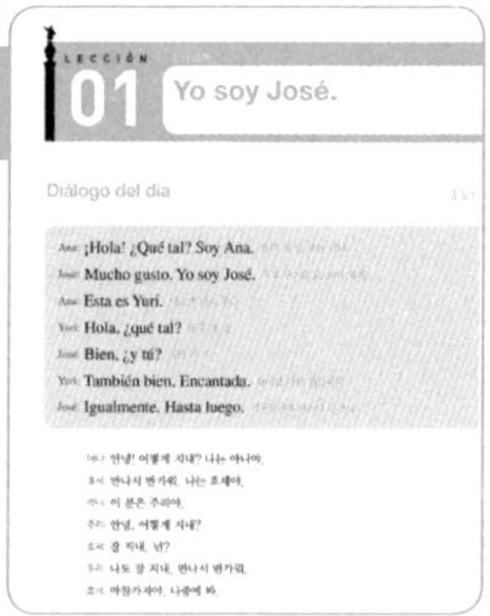
LECCIÓN 01 Yo soy José.

Diálogo del día

Ana: ¡Hola! ¿Qué tal? Soy Ana.
José: Mucho gusto. Yo soy José.
Ana: Esta es Yuri.
Yuri: Hola, ¿qué tal?
José: Bien, ¿y tú?
Yuri: También bien. Encantada.
José: Igualmente. Hasta luego.

Vocabulario del día 오늘의 어휘

단어의 이미지는 견고하다

오늘의 대화문에 나오는 새로운 어휘를 정리하였습니다. 이미지 연상하면서 단어를 암기하도록 합니다. 이미지를 기억은 강력합니다. 단어의 이미지로 다양한 표현력을 키웁니다.

1-1

Vocabulario del día

mucho 많은
gusto 즐거움
esta 이 여자
también 역시
igualmente 마찬가지야
encantado/a 기쁜
hasta 까지
luego 나중에

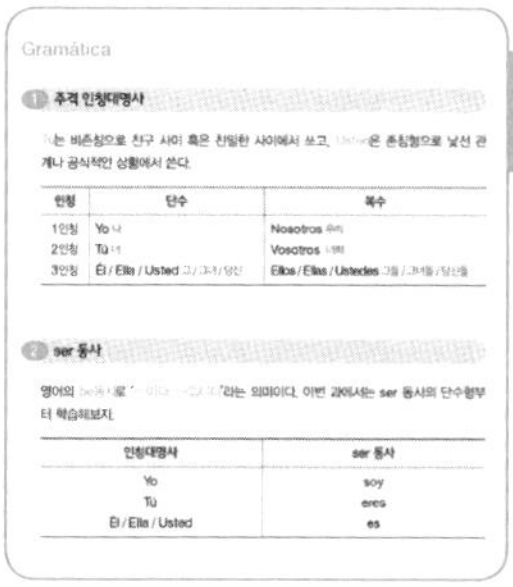
Gramática
1 주격 인칭대명사
2 ser 동사

인칭대명사	ser 동사
Yo	soy
Tú	eres
Él / Ella / Usted	es

Gramática 문법

언어의 품사를 품다

오늘의 대화에 나오는 문장을 토대로 문법 사항을 자세히 설명하는 파트입니다. 문법 설명과 함께 가장 쉽고 실용적인 문장들로 예문들을 실었습니다. ⊕ 부분에서는 중요 문법 사항 또는 알아두면 도움이 되는 추가 문법을 공부할 수 있습니다.

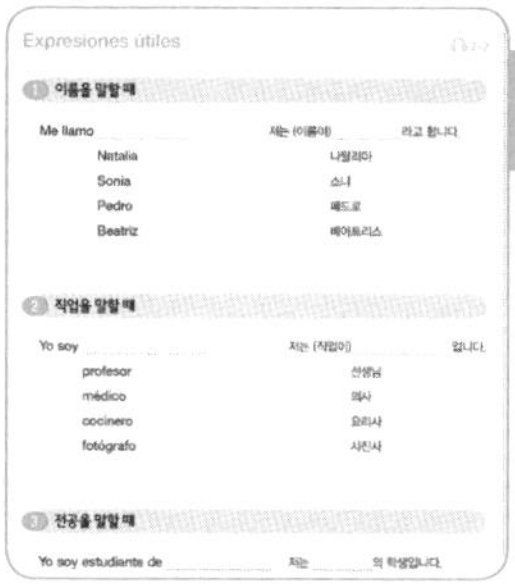
Expresiones útiles
1 이름을 말할 때
Me llamo
Natalia
Sonia
Pedro
Beatriz
2 직업을 말할 때
Yo soy
profesor
médico
cocinero
fotógrafo
3 전공을 말할 때
Yo soy estudiante de

Expresiones útiles 유용한 표현

언어의 역동성이 인간을 장악한다

오늘 배운 주요 문장들을 패턴으로 연습하는 패턴 학습 파트입니다. 자주 쓰는 패턴에 단어만 바꿔가며 회화 연습을 해보세요.

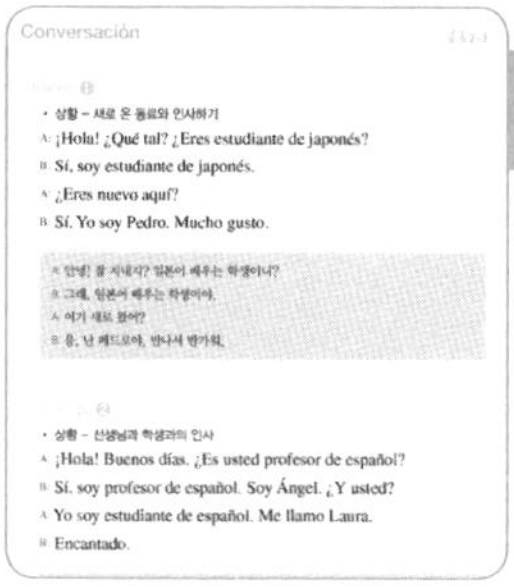
Conversación
A ¡Hola! ¿Qué tal? ¿Eres estudiante de japonés?
B Sí, soy estudiante de japonés.
A ¿Eres nuevo aquí?
B Sí. Yo soy Pedro. Mucho gusto.

A ¡Hola! Buenos días. ¿Es usted profesor de español?
B Sí, soy profesor de español. Soy Ángel. ¿Y usted?
A Yo soy estudiante de español. Me llamo Laura.
B Encantado.

Conversación 대화

반복이 언어 성장의 힘이다

오늘 학습한 문법과 회화를 토대로 또 다른 상황에서의 실용 회화문을 두 개씩 더 만들어 보았습니다. 응용 회화 학습은 실제 회화시 많이 활용될 수 있으니 눈과 입 그리고 귀로 익히세요!

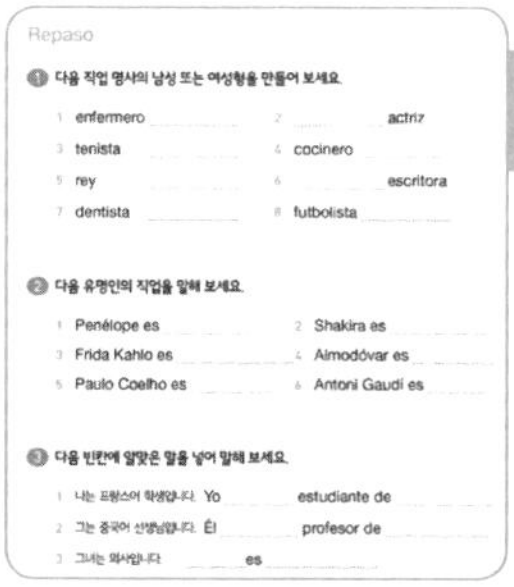
Repaso
1 enfermero / actriz / tenista / cocinero / rey / escritora / dentista / futbolista
2 Penélope es / Shakira es / Frida Kahlo es / Almodóvar es / Paulo Coelho es / Antoni Gaudí es
3 Yo estudiante de / Él profesor de / es

Repaso 복습

말할 권리를 절대 옹호한다

각 과에서 학습한 내용을 연습 문제를 직접 쓰기 또는 말하기로 연습함으로써 얼마나 이해 했는지 스스로 확인하는 단계입니다. 어휘 복습, 동사 변화, 회화 응용 연습, 작문 연습으로 등으로 구성해 두었습니다.

차 례

Contenidos

내용 구성표

과	제목	문법	회화
Lección 1	Yo soy José. 나는 호세입니다.	• 주격 인칭대명사, Ser 동사 • 평서문, 의문문, 부정문 • 지시대명사 este, esta	• 인사하기 • 자신의 이름 말하기 • 소개하기
Lección 2	Yo soy estudiante de español. 나는 스페인어를 배우는 학생입니다.	• Ser 동사, 명사의 성 • 직업명, llamarse 동사	• 이름 묻고 말하기 • 직업과 전공 말하기
Lección 3	Yo soy coreano. 나는 한국사람입니다.	• 국명형용사, 복수명사 • 국명형용사의 성수변화	• 국적 말하기 • 출신지 말하기
Lección 4	Ella es muy guapa. 그녀는 아주 예쁩니다.	• 외모 성격 형용사의 성과수 • 정관사, 부정관사, 부사 • muy/bastante/un poco	• 자신의 외모와 성격 말하기 • 여친의 성격과 외모 말하기
Lección 5	Estoy muy enamorado. 나는 아주 사랑에 빠졌습니다.	• Estar 동사 • 상태형용사의성수변화 • muy/bastante/un poco/nada	• 친구의 안부 묻기 • 나의 현재 위치 말하기 • 자신의 마음상태 표현하기
Lección 6	Yo hablo español un poco. 나는 스페인어를 조금 해요.	• Ar 형 규칙동사변화 • Llamarse 동사, 소유형용사	• 할 줄 아는 언어 말하기 • 자신의 직장 말하기
Lección 7	Yo veo la serie española. 나는 스페인 드라마를 봅니다.	• Er, Ir 형 규칙동사변화 • 불규칙동사(Jugar, Salir, Hacer) • 빈도부사	• 사는 곳 말하기 • 자신이 하는 운동 말하기 • 자신의 취미 말하기
Lección 8	¿A qué estamos hoy? 오늘은 며칠입니까?	• 요일, 날짜 • 숫자(1~40) • 나이	• 요일 날짜 말하기 • 제 3자의 나이 묻기 • 자신의 생일 말하기
Lección 9	¿A qué hora es la clase de español? 스페인어 수업이 몇 시입니까?	• 숫자(1~100), 시간 • (Salir, Empezar, Volver) + 시간 • Quedar 동사	• 현재시각 말하기 • 일상생활 시각 말하기 • 약속시간 잡기
Lección 10	¿Qué tiempo hace hoy? 오늘 날씨가 어때요?	• Hacer/Estar/Hay + 날씨표현 • muy/mucho/mucha • 감탄문	• 오늘의 날씨 말하기 • 기온 말하기 • 감탄문으로 날씨 표현하기

과	제목	문법	회화
Lección 11	Yo quiero vivir en España. 스페인에서 살고 싶어요.	• Querer 동사 • Yo también/Yo sí/Yo no / Yo tampoco • Tener 동사 + 상태표현	• 제안하기 • 의견에 동의 또는 반대하기 • 나의 상태표현하기 • 식당에서 음식 주문해 보기
Lección 12	Me gusta estudiar español. 나는 스페인어를 공부하는 것을 좋아합니다.	• Gustar 동사 • A mí también/A mí sí/ A mí no /A mí tampoco • Encantar 동사	• 좋아하는 운동, 색깔, 배우, 영화, 음식 표현하기 • 좋아하는 이성에게 고백하기
Lección 13	Yo me levanto temprano. 나는 일찍 일어납니다.	• 재귀대명사 se, 재귀동사 • 빈도부사, 재귀대명사의 위치	• 자신의 일상생활 말하기 • 상대의 취향 물어보기
Lección 14	Estoy tomando un curso de francés. 프랑스어 강의를 듣고 있습니다	• 현재분사, 현재진행형, • 현재분사 + 재귀대명사 • Llevar + 현재분사	• 요즘 근황 말하기 • 제 3자의 행동 묘사하기 • 스페인어 공부한 기간 묻기
Lección 15	¿Me das un pan? 빵 하나 주실래요?	• 직접목적어, 간접목적어 • Dar 동사	• 부탁하기 • 주문하기
Lección 16	El avión es más rápido que el barco. 비행기가 배보다 더 빠르다.	• 비교급, 상대최상급 • 절대최상급	• 한국과 스페인 비교하기 • 음식 맛있다고 칭찬해 보기
Lección 17	¿De qué color los quiere? 어떤 색으로 원하세요?	• 지시형용사, 지시대명사, • 소유대명사 mío/tuyo/suyo • 색깔 형용사	• 물건의 소유자 말해보기 • 옷 가게 쇼핑하기
Lección 18	¿Qué vas a hacer en Nochevieja? 12월 31일에 뭐 할 예정이야?	• Ir 동사, ir + en 교통수단 • Ir + a + 동사원형, 미래부사구 • 재귀대명사의 위치	• 자신의 동선 말하기 • 이번 주말 계획 말하기 • 상대에게 제안해 보기
Lección 19	¿Hay un banco por aquí? 이 근처에 은행이 있습니까?	• Estar 동사 • 위치부사구 • Hay 동사	• 위치 물어보기 • 거리 말하기 • 길 묻기
Lección 20	¿Sabes cocinar? 요리할 줄 아니?	• Saber 동사 • Poder 동사 • Conocer 동사	• 재능 말하기 • 정중하게 부탁하기 • 허락 구하기

준비학습

1 스페인어 알파벳

0-1

스페인어 알파벳은 모음 a, e, i, o, u 다섯 개와 자음 22개로 총 27개로 구성된다. 본 교재에서는 편의상 복합 문자인 ch와 ll도 포함시켜 총 29개의 알파벳을 표기하였다. 스페인어를 발음하는데 있어 먼저 다음 세 가지만 기억하자.

발음팁!

1 자음과 모음을 각각 모두 발음하기!
2 영어처럼 굴리지 말기!
3 "쁘 뜨 끄 쓰"로 된 발음 내기!

A a (a 아)	모음 a는 '아'라고 발음한다. amor [아모르] 사랑
B b (be 베)	**ba** 바 **be** 베 **bi** 비 **bo** 부 **bu** 부 'ㅂ'으로 발음 bueno [부에노] 좋은 bien [비엔] 잘
C c (ce 쎄)	**ca** 까 **ce** 쎄 **ci** 씨 **co** 꼬 **cu** 꾸 ce, ci는 혀를 이 사이에 'ㅆ'로 발음, ca, co, cu는 'ㄲ'발음 casa [까사] 집 cine [씨네] 영화관 centro [쎈뜨로] 시내
Ch ch (che 체)	**cha** 차 **che** 체 **chi** 치 **cho** 초 **chu** 추 chico [치꼬] 젊은 남자 churros [추로스] 추로스
D d (de 데)	**da** 다 **de** 데 **di** 디 **do** 도 **du** 두 domingo [도밍고] 일요일 ciudad [씨우닫] 도시
E e (e 에)	모음 e는 '에'로 발음 euro [에우로] 유로
F f (efe 에페)	**fa** 파 **fe** 페 **fi** 피 **fo** 포 **fu** 푸 입술을 살짝 깨물어 영어의 f 발음 fan [판] 팬 foto [포또] 사진 fiesta [피에스따] 파티
G g (ge 헤)	**ga** 가 **ge** 헤 **gi** 히 **go** 고 **gu** 구 **gue** 게 **gui** 기 ge, gi는 목쉰 거센 발음. ga, go, gu는 'ㄱ'발음 gato [가또] 고양이 gol [골] (축구) 골 gel [헬] 젤(헤어) gitano [히따노] 집시 guerra [게라] 전쟁 guitarra [기따라] 기타

H h (hache 아체)	**ha** 아 **he** 에 **hi** 이 **ho** 오 **hu** 우 묵음으로 발음하지 않는다. hermano [에르마노] 형제 hijo [이호] 아들
I i (i 이)	모음 i는 '이'로 발음 iglesia [이글레시아] 교회 idea [이데아] 생각
J j (jota 호따)	**ja** 하 **je** 헤 **ji** 히 **jo** 호 **ju** 후 ge, gi와 동일하게 목쉰 거센 발음 jamón [하몬] 햄 jirafa [히라파] 기린 joya [호야] 보석
K k (ca 까)	**ka** 까 **ke** 께 **ki** 끼 **ko** 꼬 **ku** 꾸 'ㄲ'으로 발음. 외래어에만 존재한다. kilo [낄로] 킬로 kiwi [끼위] 키위 karaoke [까라오께] 가라오케
L l (ele 엘레)	**la** 라 **le** 레 **li** 리 **lo** 로 **lu** 루 혀 끝이 입천장에 닿는 'ㄹ'로 발음 largo [라르고] 긴 luna [루나] 달 pelo [뻴로] 머리카락
Ll ll (elle 에예)	**lla** 야 **lle** 예 **lli** 이 **llo** 요 **llu** 유 'o'으로 발음, 중남미에서는 'ㅈ'으로 발음하기도 한다. llave [야베] 열쇠 calle [까예] 거리 lluvia [유비아] 비
M m (eme 에메)	**ma** 마 **me** 메 **mi** 미 **mo** 모 **mu** 무 'ㅁ'으로 발음 mamá [마마] 엄마 mesa [메사] 탁자 mundo [문도] 세상
N n (ene 에네)	**na** 나 **ne** 네 **ni** 니 **no** 노 **nu** 누 'ㄴ'으로 발음 naranja [나란하] 오렌지 noche [노체] 밤 nuevo [누에보] 새로운
Ñ ñ (eñe 에녜)	**ña** 냐 **ñe** 녜 **ñi** 니 **ño** 뇨 **ñu** 뉴 baño [바뇨] 화장실 niño [니뇨] 아이 compañía [꼼빠니아] 회사
O o (o 오)	모음 o는 'o'로 발음 oso [오소] 곰 ojo [오호] 눈 oficina [오피씨나] 사무실
P p (pe 뻬)	**pa** 빠 **pe** 뻬 **pi** 삐 **po** 뽀 **pu** 뿌 'ㅃ'으로 발음 papá [빠빠] 아빠 película [뻴리꿀라] 영화 piano [삐아노] 피아노
Q q (cu 꾸)	**que** 께 **qui** 끼 'ㄲ'으로 발음 parque [빠르께] 공원 quizás [끼사스] 아마도 esquí [에스끼] 스키

R r (erre 에레)	**ra** 라 **re** 레 **ri** 리 **ro** 로 **ru** 루 단어의 첫 글자 또는 rr은 혀를 굴리는 발음 rosa [로사] 장미 reina [레이나] 여왕 ruso [루소] 러시아인 perro [뻬로] 개 carro [까로] 자동차 단어의 중간 또는 맨 뒤의 r은 굴리지 않는다. pero [뻬로] 그러나 caro [까로] 비싼 doctor [독또르] 의사
S s (ese 에세)	**sa** 사 **se** 세 **si** 시 **so** 소 **su** 수 'ㅅ' 또는 'ㅆ'으로 발음 sal [쌀] 소금 sol [쏠] 태양 servicio [세르비씨오] 서비스, 화장실
T t (te 떼)	**ta** 따 **te** 떼 **ti** 띠 **to** 또 **tu** 뚜 tabaco [따바꼬] 담배 turista [뚜리스따] 관광객 tequila [떼낄라] 데킬라
U u (u 우)	모음 u는 '우'로 발음 uno [우노] 하나 universidad [우니베르시닫] 대학교
V v (uve 우베)	**va** 바 **ve** 베 **vi** 비 **vo** 보 **vu** 부 b와 동일한 'ㅂ'발음 vaca [바까] 소 vino [비노] 와인 volcán [볼깐] 화산
W w (uve doble 우베 도블레)	영어의 w로 발음. 외래어에만 있음 Wasington [워싱톤] 워싱턴 web [웹] 웹 whisky [위스끼] 위스키
X x (equis 에끼스)	**xa** 사 **xe** 세 **xi** 시 **xo** 소 **xu** 수 'ㅅ'으로 발음 또는 'ks'로 발음하기도 한다. xilófono [실로포노] 실로폰 examen [엑사멘] 시험 taxi [딱시] 택시
Y y (i griega 이 그리에가)	**ya** 야 **ye**예 **y** 이 **yo** 요 **yu** 유 ll와 동일하게 'o'으로 발음 yate [야떼] 요트 yoga [요가] 요가 muy [무이] 아주, 매우
Z z (ceta 쎄따)	**za** 싸 **ze** 쎄 **zi** 씨 **zo** 쏘 **zu** 쑤 ce, ci와 마찬가지로 영어의 th로 발음 zapato [싸빠또] 신발 zoo [쏘] 동물원 Iguazú [이구아쑤] 이과수(폭포)

2 강세

스페인어는 모든 단어에 강세 음절이 존재한다. 강세를 잘못 줘서 읽으면 의사소통에 문제가 생길 수도 있으니 특히 강세 불규칙 단어는 적절한 강세를 살려서 읽는 연습이 필요하다.

1 모음 또는 자음 n, s로 끝나면 끝에서 두 번째 모음에 강세가 온다.

ca-sa [까사] 집
e-le-fan-te [엘레판떼] 코끼리
o-fi-ci-na [오피씨나] 사무실
res-tau-ran-te [레스따우란떼] 레스토랑
lu-nes [루네스] 월요일
jo-ven [호벤] 젊은

2 n과 s를 제외한 자음으로 끝나면 마지막 모음에 강세가 온다.

pro-fe-sor [쁘로페소르] 선생님
ca-te-dral [까떼드랄] 성당
u-ni-ver-si-dad [우니베르시닫] 대학교

3 강세 부호 (tilde)가 찍혀 있으면 바로 강세 불규칙 단어에 해당된다.

mú-si-ca [무시까] 음악
te-lé-fo-no [뗄레포노] 전화
ca-fé [까페] 커피
so-fá [소파] 쇼파
sa-lón [살론] 거실

4 발음은 동일하나 뜻이 서로 다른 단어의 구분을 위해 강세 부호를 찍기도 한다.

sí [씨] 그래, 응
si [씨] 만일
qué [께] 무엇
que [께] 접속사, 관계 대명사

3 물음표와 느낌표

스페인어는 의문문과 감탄문을 만들 때 반드시 앞, 뒤에 물음표와 느낌표를 붙여야 한다. 앞에는 거꾸로 된 물음표와 느낌표를 표기해야 한다.

¡Hola! [올라] 안녕!
¿Qué tal? [께 딸] 어떻게 지내?
¿Cómo te llamas? [꼬모 떼 야마스] 이름이 뭐야?
¡Qué rico! [께 리꼬] 정말 맛있다!

LECCIÓN 01 인사·소개

Yo soy José.

나는 호세입니다.

Diálogo del día

1-1

Ana: ¡Hola! ¿Qué tal? Soy Ana. 올라 께 딸 쏘이 아나

José: Mucho gusto. Yo soy José. 무초 구스또 요 쏘이 호세

Ana: Esta es Yuri. 에스따 에스 주리

Yuri: Hola, ¿qué tal? 올라 께 딸

José: Bien, ¿y tú? 비엔 이 뚜

Yuri: También bien. Encantada. 땀비엔 비엔 엔깐따다

José: Igualmente. Hasta luego. 이구알멘떼 아스따 루에고

아나: 안녕! 어떻게 지내? 나는 아니야.

호세: 만나서 반가워. 나는 호세야.

아나: 이 분은 주리야.

주리: 안녕, 어떻게 지내?

호세: 잘 지내. 넌?

주리: 나도 잘 지내. 만나서 반가워.

호세: 마찬가지야. 나중에 봐.

Vocabulario del día

mucho 많은

gusto 즐거움

esta 이 여자

también 역시

igualmente 마찬가지야

encantado/a 기쁜

hasta 까지

luego 나중에

Gramática

1 주격 인칭대명사

Tú는 비존칭으로 친구 사이 혹은 친밀한 사이에서 쓰고, Usted은 존칭형으로 낯선 관계나 공식적인 상황에서 쓴다.

인칭	단수	복수
1인칭	Yo 나	Nosotros 우리
2인칭	Tú 너	Vosotros 너희
3인칭	Él / Ella / Usted 그 / 그녀 / 당신	Ellos / Ellas / Ustedes 그들 / 그녀들 / 당신들

⊕Nosotro, Vosotros는 남자만 또는 남녀가 섞여 있을 수 있고, 여자만 있다면 Nosotras, Vosotras라고 말한다.

2 ser 동사

영어의 be동사로 '~이다, ~입니다'라는 의미이다. 이번 과에서는 ser 동사의 단수형부터 학습해 보자.

인칭대명사	ser 동사
Yo	soy
Tú	eres
Él / Ella / Usted	es

⊕Usted은 Él, ella와 항상 같은 동사를 쓰기 때문에 3인칭으로 분류된다.

3 평서문

어순이 영어와 동일하다. 단, 스페인어는 우리말처럼 주어를 생략해서 말할 수 있다. 강조해서 쓸 때는 주어를 써준다.

(Yo) soy José. 나는 호세입니다.

(Tú) eres Ana. 너는 아나입니다.

(Él) es Pepe. 그는 페페입니다.

(Ella) es María. 그녀는 마리아입니다.

(Usted) es Raúl. 당신은 라울입니다.

4 부정문

부정문은 동사 앞에 no를 붙여 주면 된다.

(Yo) no soy José. 나는 호세가 아닙니다.

(Tú) no eres Ana. 너는 아나가 아닙니다.

(Él) no es Pepe. 그는 페페가 아닙니다.

(Ella) no es María. 그녀는 마리아가 아닙니다.

(Usted) no es Raúl. 당신은 라울이 아닙니다.

5 의문문

의문사가 없는 의문문의 어순은 자유롭게 쓰일 수 있다. 평서문과 동일한 어순에 물음표를 붙여주고 마지막 억양만 살짝 올려 주기만 하면 된다. 영어와 동일한 어순으로 말해도 된다. 물론 주어는 생략 가능하다.

¿주어 + 동사 + 보어? → ¿Tú eres José?
¿동사 + 주어 + 보어? → ¿Eres tú José?
¿동사 + 보어? → ¿Eres José?

¿Eres (tú) José? 호세입니까?

¿Eres (tú) Ana? 아나입니까?

¿Es (él) Pepe? 그는 페페입니까?

¿Es (ella) María? 그녀는 마리아입니까?

¿Es (usted) Raúl? 당신은 라울입니까?

6 지시대명사

이번 과에서는 사람을 소개할 때 쓰는 지시대명사에 대해 공부해보자. 바로 영어의 this에 해당하는 지시대명사이다. 스페인어는 지시대명사도 남성과 여성이 있다. 남성일 때는 este, 여성을 소개할 때는 esta를 쓰면 된다.

Este es Mario. 이 분은 마리오입니다.

Esta es Paula. 이 분은 파울라입니다.

el은 남성 정관사, la는 여성 정관사입니다. 관사는 4과에서 자세히 알아보도록 하자.

Este es el señor López. 이 분은 로페스 씨입니다.

Esta es la profesora Yuri. 이 분은 주리 선생님입니다.

Expresiones útiles

1-2

1 만날 때 인사 표현

- ¡Hola! ¿Qué tal? 안녕! 어떻게 지내?
- ¿Cómo estás? 어떻게 지내?
- Buenos días. 아침 인사
- Buenas tardes. 오후, 저녁 인사
- Buenas noches. 밤 인사
- Buenas. 안녕(아침, 점심, 저녁)

2 헤어질 때 인사 표현

- Adiós. 안녕.
- Chao. 안녕.
- Hasta luego. 나중에 봐.
- Hasta pronto. 곧 보자.
- Hasta la vista. 다음에 보자.

3 안부를 말할 때 표현

- Muy bien. 아주 좋아.
- Bastante bien. 충분히 좋아.
- Bien, bien. 좋아, 좋아.
- Ni fu ni fa. 그냥 그래.
- Asi, asi. 그럭 저럭.
- No muy bien. 좋지 않아.

Conversación

1-3

Diálogo ❶

• 상황 – 친구에게 앙헬라를 소개하는 장면

A: ¡Hola! ¿Qué tal?

B: Ni fu ni fa. ¿Y tú qué tal?

A: Yo muy bien. Esta es Ángela.

B: Hola, Ángela. Mucho gusto.

A: 안녕! 어떻게 지내?
B: 그냥 그래. 넌 어때?
A: 난 아주 잘 지내. 이 분이 앙헬라야.
B: 안녕, 앙헬라. 만나서 반가워.

Diálogo ❷

• 상황 – 포멀한 상황에서 나바로 씨를 소개해 주는 장면

A: Hola, Sr. Moreno, ¿Qué tal?

B: Muy bien. Esta es la Srta. Navarro.

C: Encantada.

A: Mucho gusto.

A: 안녕, 모레노 씨, 어떻게 지내세요?
B: 아주 잘 있어요, 감사합니다. 이 분이 나바로씨입니다.
C: 만나서 반갑습니다.
B: 반가워요.

Srta. 아가씨
señorita의 축약형

Sr. 아저씨, ~씨
señor의 축약형

Sra. 아주머니, ~씨
señora의 축약형

Repaso

1 다음 한국어를 스페인어로 말해 보세요.

1 A: ¡Hola! 어떻게 지내요? ______

B: 그냥 그래요. ______ ¿Y tú qué tal?

A: 전 아주 잘 지내요. 이 분은 레오입니다.

______

B: Hola, Leo. 만나서 반갑습니다. ______

2 A: Hola, Sr. Ignacio, ¿Qué tal?

B: Muy bien, 감사합니다. 이 분은 라미레스 씨입니다.

______

C: Encantado.

A: 마찬가지입니다. ______

2 긍정 혹은 부정으로 말해 보세요.

| 보기 |

¿Eres tú Pepe? 페페입니까?
- Sí, yo soy Pepe. 네, 저는 페페입니다. - No, yo no soy Pepe. 아니요, 저는 페페가 아닙니다.

1 ¿Eres tú Raúl? Sí, ______

2 ¿Eres tú María? Sí, ______

3 ¿Eres tú Alicia? Sí, ______

4 ¿Eres tú Paulo? No, ______

5 ¿Eres tú Luis? No, ______

6 ¿Eres tú Felipa? No, ______

③ 다음 빈칸에 알맞은 말을 넣어 말해 보세요.

1 어떻게 지내요? ¿Cómo ____________?

2 밤 인사(굿나잇) Buenas ____________

3 나중에 봐. ____________ luego.

4 꽤 좋아요. ____________ bien.

5 만나서 반갑습니다. ____________ ____________

6 이 분은 로사입니다. ____________ ____________ Rosa.

LECCIÓN 02 전공

Yo soy estudiante de español.

나는 스페인어를 배우는 학생입니다.

Diálogo del día

2-1

Ana: ¡Hola! Yo soy Ana. ¿Y tú? 올라 요 쏘이 아나 이 뚜
José: Yo me llamo José. 요 메 야모 호세
Ana: ¿Eres estudiante de español? 에레스 에스뚜디안떼 데 에스빠뇰
José: Sí, soy estudiante de español. 씨 쏘이 에스뚜디안떼 데 에스빠뇰
Ana: Yo también. Mucho gusto. 요 땀비엔 무초 구스또

아나: 안녕! 난 아나야. 넌?
호세: 난 호세라고 해.
아나: 넌 스페인어를 배우는 학생이니?
호세: 그래, 난 스페인어를 배우는 학생이야.
아나: 나도. 만나서 반가워.

Vocabulario del día

llamarse 이름이 ~이다
dónde 어디에
estudiante 학생
español 스페인어
de ~의
también ~도 역시
mucho 많은
gusto 즐거움

Gramática

1 ser 동사

영어의 be동사로 '~이다, ~입니다'라는 의미이다. 직업, 국적, 성격, 외모 등 변하지 않는 것을 표현할 때 쓰인다. ser 동사의 동사변화의 완전체이다.

인칭대명사	ser 동사
Yo 요	soy 쏘이
Tú 뚜	eres 에레스
Él / Ella / Usted 엘 / 에야 / 우스뗃	es 에스
Nosotros 노소뜨로스	somos 쏘모스
Vosotros 보소뜨로스	sois 쏘이스
Ellos / Ellas / Ustedes 에요스 / 에야스 / 우스떼데스	son 쏜

ser 동사는 변하지 않는 영구적인 것을 표현할 때 주로 쓰인다.

2 명사의 성

① 스페인어 명사에는 성이 있습니다. 사람과 동물은 남성과 여성 두 개의 성이 존재한다.

coreano 한국 남자　　coreana 한국 여자

gato 고양이　　gata 고양이(암컷)

② 사물은 남성 또는 여성, 성이 단 한 개가 존재한다. 단어의 의미와 상관없이 생긴 형태로 남성, 여성이 구분된다.

남성명사 : libro 책　　bolígrafo 볼펜　　bolso 핸드백

여성명사 : casa 집　　bicicleta 자전거　　mesa 탁자

③ 대부분 -o로 끝나면 남성, -a로 끝나면 여성 명사가 된다는 기본을 기억하자. 자음으로 끝나면 -a를 붙여 주기만 하면 된다.

chino 중국남자　　china 중국여자　　señor 아저씨　　señora 아주머니

3 직업

직업 명사 역시 -o로 끝나면 남성, -a로 끝나면 여성명사이다. 자음으로 끝나는 명사에 -a를 붙여주면 여성형이 된다.

	-o(남성 명사)	-a(여성 명사)
의사	médico	médica
요리사	cocinero	cocinera
웨이터	camarero	camarera
건축가	arquitecto	arquitecta
간호사	enfermero	enfermera
선생님	profesor	profesora
디자이너	diseñador	diseñadora
댄서	bailarín	bailarina

Álvaro es cocinero. 알바로는 요리사입니다.

Marta es cocinera. 마르타는 요리사입니다.

Tamara es arquitecta. 타마라는 건축가입니다.

-e, -ista 로 끝나는 명사는 남성, 여성이 동일하다.
예) estudiante 학생
cantante 가수
periodista 기자
예외) actor 남자배우
actriz 여배우
rey 왕
reina 여왕

4 직업 말하기

직업을 물을 때는 의문사 qué(무엇)와 ser 동사를 써서 물을 수도 있다. 의문사가 있는 의문문의 어순은 정해져 있다. 이 때도 주어는 생략 가능하다.

¿ 의문사 + 동사 + (주어)?

¿Qué	eres	tú? 네 직업은 뭐야?
¿Qué	es	él? 그의 직업은 뭐야?
¿Qué	es	ella? 그녀의 직업은 뭐야?

Yo soy profesora de inglés. 나는 영어 선생님입니다.

Yo soy estudiante de chino. 나는 중국어 학생입니다.

Rosa es bailaora de flamenco. 로사는 플라멩코 무용수입니다.

Bella es diseñadora de joyas. 베야는 주얼리 디자이너입니다.

Adelina es profesora de arte. 아델리나는 미술 선생님입니다.

전치사 de 는 '~의'를 의미한다.
예) estudiante de japonés 일본어 학생

de를 빼고 말하면 의미가 전혀 달라진다.
예) estudiante chino 중국인 학생

5 llamarse 동사

'~라고 불리다'는 뜻으로 이름을 말할 때 쓰는 동사이다. 이 동사는 재귀동사로 앞에 재귀대명사 se가 붙는데, se의 뜻은 '자기 자신'을 의미한다. me는 '나 자신' te는 '너 자신' se는 '그/그녀 자신'을 의미한다.

Llamar (부르다) + se → Llamarse 불리다. 이름이 ~이다

¿Cómo te llamas tú? → 너는 네 자신을 어떻게 부르니? → 네 이름은 뭐니?

인칭대명사	llamarse 동사(이름이 ~이다)
Yo	me llamo 나의 이름은 ~이다
Tú	te llamas 너의 이름은 ~이다
Él / Ella / Usted	se llama 그/그녀의 이름은 ~이다

Yo me llamo José. 나는 호세라고 합니다.

Tú te llamas Rosa. 너는 로사라고 합니다.

Él se llama Pedro. 그는 페드로라고 합니다.

Ella se llama Marta. 그녀는 마르타라고 합니다.

Usted se llama Pepe. 당신은 페페라고 합니다.

재귀대명사는 초급자가 이해하기 어려운 부분이다. 이 강에서는 일단 llamarse동사를 회화로만 익혀두고 넘어가자.

Expresiones útiles

2-2

1 이름을 말할 때

Me llamo ______ 저는 (이름이) ______ 라고 합니다.

Natalia	나탈리아
Sonia	소냐
Pedro	페드로
Beatriz	베아트리스

2 직업을 말할 때

Yo soy ______ 저는 (직업이) ______ 입니다.

profesor	선생님
médico	의사
cocinero	요리사
fotógrafo	사진사

3 전공을 말할 때

Yo soy estudiante de ______ 저는 ______ 의 학생입니다.

Económicas	경제학
Medicina	의대
Derecho	법대
Literatura	문학과

Conversación

2-3

japonés 일본어
nuevo 새로운
encantado 기쁜

Diálogo 1

• 상황 – 새로 온 동료와 인사하기

A: ¡Hola! ¿Qué tal? ¿Eres estudiante de japonés?

B: Sí, soy estudiante de japonés.

A: ¿Eres nuevo aquí?

B: Sí. Yo soy Pedro. Mucho gusto.

A: 안녕! 잘 지내지? 일본어 배우는 학생이니?
B: 그래, 일본어 배우는 학생이야.
A: 여기 새로 왔어?
B: 응, 난 페드로야. 만나서 반가워.

Diálogo 2

• 상황 – 선생님과 학생과의 인사

A: ¡Hola! Buenos días. ¿Es usted profesor de español?

B: Sí, soy profesor de español. Soy Ángel. ¿Y usted?

A: Yo soy estudiante de español. Me llamo Laura.

B: Encantado.

A: 안녕! 좋은 아침입니다. 스페인어 선생님이세요?
B: 네, 스페인어 선생님입니다. 앙헬입니다. 당신은요?
A: 저는 스페인어 학생입니다. 라우라라고 해요.
B: 반가워요.

Repaso

1 다음 직업 명사의 남성 또는 여성형을 만들어 보세요.

1 enfermero ____________ 2 ____________ actriz

3 tenista ____________ 4 cocinero ____________

5 rey ____________ 6 ____________ escritora

7 dentista ____________ 8 futbolista ____________

tenista 테니스 선수

dentista 치과 의사

2 다음 유명인의 직업을 말해 보세요.

1 Penélope es ____________ 2 Shakira es ____________

3 Frida Kahlo es ____________ 4 Almodóvar es ____________

5 Paulo Coelho es ____________ 6 Antoni Gaudí es ____________

3 다음 빈칸에 알맞은 말을 넣어 말해 보세요.

1 나는 프랑스어 학생입니다. Yo ________ estudiante de ____________

2 그는 중국어 선생님입니다. Él ________ profesor de ____________

3 그녀는 의사입니다. ________ es ____________

4 나는 경제학 학생입니다. Yo ________ estudiante ______ ____________

5 그녀는 의과 대학생입니다. Ella ______ estudiante ______ ____________

LECCIÓN 03 국적·출신지

Yo soy coreano.

나는 한국 사람입니다.

Diálogo del día

3-1

Ana: Hola, ¿cómo te llamas? 올라 꼬모 떼 야마스

José: Me llamo José, ¿y tú? 메 야모 호세 이 뚜

Ana: Ana. 아나

José: ¿De dónde eres? 데 돈데 에레스

Ana: Soy inglesa, de Londres, ¿y tu? 쏘이 잉글레사 데 론드레스 이 뚜

José: Yo soy español, de Sevilla. ¿Cómo te apellidas?
요 쏘이 에스빠뇰 데 세비야 꼬모 떼 야마스

Ana: Johnston, ¿y tu? 존스턴 이 뚜

José: Rodríguez. 로드리게스

아나: 안녕, 이름이 뭐야?

호세: 난 빠꼬라고 해, 넌?

아나: 아나야.

호세: 어디서 왔어?

아나: 영국 런던에서 왔어, 넌?

호세: 난 스페인 세비야에서 왔어. 성이 뭐야?

아나: 존스턴, 넌?

호세: 로드리게스야.

Vocabulario del día

dónde 어디

de ~로 부터

inglesa 영국 여자

llamarse 이름이 ~이다

apellidarse 성이 ~이다

cómo 어떻게

Gramática

1 나라 이름과 국명 형용사

나라 이름은 고유명사로 반드시 대문자로 써야 하고, 국명 형용사는 소문자로 써야 한다. 일부 국명형용사는 여성형이 되면서 강세는 탈락된다. -e로 끝나는 국명 형용사는 남/여성형이 동일하다.

나라이름	남성 국명 형용사	여성 국명 형용사
Corea 한국	coreano 한국 남자	coreana 한국 여자
China 중국	chino 중국 남자	china 중국 여자
Japón 일본	japonés 일본 남자	japonesa 일본 여자
España 스페인	español 스페인 남자	española 스페인 여자
México 멕시코	mexicano 멕시코 남자	mexicana 멕시코 여자
Brasil 브라질	brasileño 브라질 남자	brasileña 브라질 여자
Perú 페루	peruano 페루 남자	peruana 페루 여자
Argentina 아르헨티나	argentino 아르헨티나 남자	argentina 아르헨티나 여자
Francia 프랑스	francés 프랑스 남자	francesa 프랑스 여자
Italia 이탈리아	italiano 이탈리아 남자	italiana 이탈리아 여자
Estados Unidos 미국	estadounidense 미국 남자	estadounidense 미국 여자

대부분의 국명 형용사는 -ano, -eño, -és, -ense 로 끝난다.
예) estadounidense 미국인
canadiense 캐나다인

2 나라 이름으로 국적 말하기

국적을 물을 때는 의문사 '어디'를 의미하는 dónde 앞에 전치사 de(~로부터)를 붙여 쓰면 된다. 나라 이름 앞에는 반드시 전치사 de를 써야 한다.

¿De dónde eres tú? 넌 어느 나라에서 왔어?

Yo soy de España. 나는 스페인에서 왔어요.
¿Tú eres de Francia? 너는 프랑스에서 왔니?
Él es de Italia. 그는 이탈리아에서 왔어요.
Ella es de México. 그녀는 멕시코에서 왔어요.
¿Usted es de Perú? 당신은 페루에서 왔어요?

3 국명 형용사로 국적 말하기

국명 형용사는 주어의 성/수에 따라 성과 수가 변화한다.

Yo soy **español.** 나는 스페인 남자입니다.

Yo soy **española.** 나는 스페인 여자입니다.

Él es **brasileño.** 그는 브라질 남자입니다.

Ella es **brasileña.** 그녀는 브라질 여자입니다.

¿Usted es **argentina?** 당신은 아르헨티나 여자입니까?

◎국가명과 국명 형용사가 동일한 경우는 대/소문자로 구분한다.
예) Argentina 아르헨티나,
argentina 아르헨티나 여자
China 중국,
china 중국여자

4 출신 도시 말하기

스페인 국내에서 출신지를 물으면 출신 도시로 대답하는 경우가 많다. 출신 도시를 묻는 표현도 함께 기억해두자.

¿De qué ciudad eres tú? 넌 어느 도시에서 왔어?

Soy de **Barcelona.** 바르셀로나에서 왔어요.

Soy de **Roma.** 로마 사람입니다.

Soy de **Pequín.** 베이징 사람입니다.

Soy de **Nueva York.** 뉴욕에서 왔어요.

◎지역성이 강한 스페인에서는 지역 사람을 표현하는 단어가 존재합니다.
예) madrileño 마드리드 사람
catalán 바르셀로나 사람
sevillano 세비야 사람
malagueño 말라가 사람

5 복수형 만들기

단수를 복수형으로 만들 때는 두 가지만 기억하면 된다. 모음에는 -s를 자음에는 –es를 달아주기만 하면 된다. 일부 국명형용사는 복수형이 되면서 강세는 탈락한다.

한국 남자 → coreano	스페인 남자 → español
한국 여자 → coreana	스페인 여자 → española
한국 남자들 → coreanos	스페인 남자들 → españoles
한국 여자들 → coreanas	스페인 여자들 → españolas

◎남성복수에는 남성만 또는 남성과 여성이 섞여 있을 수 있다.
예) coreanos 한국인들
españoles 스페인 사람들

모음 + s	자음 + es
chino 중국인 → chinos	francés 프랑스인 → franceses
mexicano 멕시코 사람 → mexicanos	alemán 독일인 → alemanes
italiano 이탈리아 사람 → italianos	español 스페인사람 → españoles
peruano 페루인 → peruanos	japonés 일본인 → japoneses
colombiano 콜롬비아 사람 → colombianos	inglés 영국인 → ingleses

Nosotros somos coreanos. 우리는 한국인입니다.

¿Vosotros sois italianos? 너희는 이탈리아 사람입니까?

Ellos son franceses. 그들은 프랑스인입니다.

Ellas son japonesas. 그녀들은 일본인입니다.

복수형 예외

actriz 여배우 → actrices (z를 c로 바꾼후 es를 붙여 준다)

lápiz 연필 → lápices

Expresiones útiles

3-2

1 나라 이름을 사용해서 국적 표현하기

Yo soy de __________	나는 __________ 출신입니다.
China	중국
Japón	일본
México	멕시코
Francia	프랑스

2 국명 형용사를 사용해서 국적 표현하기

Yo soy __________	나는 __________ 출신입니다.
chino	중국인
japonés	일본인
mexicano	멕시코인
francés	프랑스인

3 출신 도시 표현하기

Yo soy de __________	나는 __________ 출신입니다.
Buenos Aires	부에노스 아이레스
San Paulo	상파울로
Londres	런던
Las Vegas	라스베가스

Conversación

3-3

Diálogo ①

• 상황 – 국적 묻기

A: ¿Eres coreano?

B: Sí, soy coreano. ¿Y tú de dónde eres?

A: Soy italiana. Mucho gusto.

B: Encantado.

A: 넌 한국인이니?

B: 응, 난 한국사람이야. 넌 어디 출신이야?

A: 난 이탈리아 사람이야. 만나서 반가워.

B: 나도 반가워.

Diálogo ②

• 상황 – 출신 도시 묻기

A: ¿De dónde eres tú?

B: Soy española.

A: ¿De qué ciudad eres?

B: Soy de Barcelona.

A: 넌 어디 출신이야?

B: 난 스페인 사람이야.

A: 어느 도시에서 왔어?

B: 바르셀로나에서 왔어.

Repaso

1 다음 한국어를 스페인어로 말해 보세요.

1 A: 너는 스페인 사람이니? ______

B: Sí, soy español. ¿Y tú?

A: 나는 멕시코 사람이야. ______

B: 만나서 반가워. ______

2 A: 넌 어디서 왔어? ______

B: Yo soy colombiano.

A: 어느 도시에서 왔어? ______

B: Soy de Bogotá.

2 다음 유명인들은 어느 나라 사람일까요?

1 Penélope es ______

2 Frida es ______

3 Shakira es ______

4 David Bisbal es ______

5 Cristiano Ronaldo es ______

6 Emmanuel Macron es ______

3 복수형으로 만들어 보세요.

1 francés ______ 2 brasileña ______

3 profesor ______ 4 actriz ______

5 alemán ______ 6 japonés ______

7 inglés ______ 8 español ______

4 다음 문장을 스페인어로 써 보세요.

1 나는 일본인입니다. Yo ______ español.

2 그는 브라질 사람입니다. Él ______ ______

3 그녀는 이탈리아 사람입니다. Ella es ______

4 우리는 프랑스인입니다. Nosotros ______ ______

5 너희는 일본인이니? ¿Vosotros ______ ______?

6 그들은 멕시코인입니다. Ellos ______ ______

LECCIÓN 04 외모·성격

Ella es muy guapa.

그녀는 아주 예쁩니다.

Diálogo del día

4-1

Vocabulario del día

trabajador 부지런한
paciente 인내심 강한
tranquilo 침착한
cariñoso 다정한
deportista 운동을 좋아하는
alegre 유쾌한
sociable 사교적인
romántico 낭만적인

Ana: ¿Cómo eres tú? 꼬모 에레스 뚜

José: Soy muy trabajador, paciente y tranquilo.
쏘이 무이 뜨라바하도르 빠시엔떼 이 뜨란낄로

Ana: ¿Eres cariñoso? 에레스 까리뇨소

José: Sí, soy bastante cariñoso. ¿Y tú cómo eres?
씨 쏘이 바스딴떼 까리뇨소 이 뚜 꼬모 에레스

Ana: Soy deportista, alegre y sociable.
쏘이 데뽀르띠스따 알레그레 이 소시아블레

José: ¿Eres romántica? 에레스 로만띠까

Ana: No, no soy nada romántica. 노 노쏘이 나다 로만띠까

아나: 넌 어떤 사람이니?
호세: 아주 부지런하고 인내심 있고 침착해.
아나: 다정한 사람이야?
호세: 응, 꽤 다정한 편이야. 그럼 넌 어떤 사람이야?
아나: 운동 좋아하고 유쾌하고 사교적이야.
호세: 로맨틱한 사람이야?
Ana: 아니, 전혀 로맨틱하지 않아.

Gramática

1 외모와 성격 형용사의 성/수 변화

모음으로 끝날 때			자음으로 끝날 때		
	남성	여성		남성	여성
단수	guapo 잘 생긴	guapa 예쁜	단수	trabajador 부지런한	trabajadora
복수	guapos	guapas	복수	trabajadores	trabajadoras

Yo soy guapa. 나는 예쁘다.
Tú eres guapo. 너는 잘 생겼다.
Él es guapo. 그는 잘 생겼다.
Ella es guapa. 그녀는 예쁘다.
Él es trabajador. 그는 부지런하다.
Ella es trabajadora. 그녀는 부지런하다
Ellos son trabajadores. 그들은 부지런하다.
Ellas son trabajadoras. 그녀들은 부지런하다.

여자를 예쁘다고 할 때는 linda, bonita, bella, hermosa 등 여러 가지로 표현할 수 있다. 남성은 guapo라고만 말한다. 남자를 bonito라고 말하지 않는다..

2 정관사

구체적인 것을 가리킬 때 쓰며 영어의 the에 해당한다. 정관사 역시 명사의 성과 수에 따라 변화한다.

	남성	여성
단수	el chico 그 남자	la chica 그 여자
복수	los chicos 그 남자들	las chicas 그 여자들

El chico es guapo. 그 남자는 잘 생겼다.
La chica es guapa. 그 여자는 예쁘다.
Los chicos son guapos. 그 남자들은 잘 생겼다.
Las chicas son guapas. 그 여자들은 예쁘다.
El chico es trabajador. 그 남자는 부지런하다.
La chica es trabajadora. 그 여자는 친절하다.
Los chicos son trabajadores. 그 남자들은 부지런하다.
Las chicas son trabajadoras. 그 여자들은 부지런하다.

chico는 젊은 남자(boy/guy)에 해당하며 12세에서 48세 이전까지의 연령대를 일컫는다.

3 부정관사

정해지지 않은 뭔가를 가리킬 때 쓰며 영어의 a와 an에 해당한다. 정관사와 마찬가지로 명사의 성과 수에 따라 변화한다. 형용사와 같이 올 때는 형용사는 반드시 명사 뒤에 위치한다.

어순: 관사 + 명사 + 형용사

	남성	여성
단수	un chico (guapo) 어떤 (잘생긴) 남자	una chica (guapa) 어떤 (예쁜) 여자
복수	unas chicos (guapos) 어떤 (잘생긴) 남자들	unas chicas (guapas) 어떤 (예쁜) 여자들

Él es un chico tímido. 그는 소심한 남자이다.

Ella es una chica tímida. 그녀는 소심한 여자이다.

Ellos son unos chicos tímidos. 그들은 소심한 남자들이다.

Ellas son unas chicas tímidas. 그녀들은 소심한 여자들이다.

4 부사 muy / bastante / un poco / nada의 쓰임새

muy 아주, 매우 bastante 충분히, 꽤, 제법 un poco 조금, 다소 nada 전혀	+	형용사

*긍정의 의미인 형용사가 올 때

Yo soy muy alegre. 나는 아주 유쾌하다

Yo soy bastante alegre. 나는 꽤 유쾌하다.

Yo no soy nada alegre. 나는 전혀 유쾌하지 않다.

Yo soy un poco alegre. (×)

*부정의 의미인 형용사가 올 때

Yo soy muy tímido. 나는 아주 소심하다.

Yo soy bastante tímido. 나는 꽤 소심하다.

Yo soy un poco tímido. 나는 조금 소심하다.

Yo no soy nada tímido. 나는 전혀 소심하지 않다.

ⓞun poco 뒤에 형용사가 올 때는 반드시 부정의 의미인 형용사가 와야 한다.

un poco pesimista (○)

un poco optimista (×)

Expresiones útiles

4-2

1 자신의 외모 말하기

¿Cómo eres tú?	너는 외모가 어때?
Yo soy ______	나는 (외모가) ______ 합니다.
alto	키가 큰
bajo	키가 작은
delgado	날씬한
gordo	뚱뚱한

2 자신의 성격 말하기

¿Cómo eres tú?	너는 성격이 어때?
Yo soy ______	나는 (성격이) ______ 합니다.
atrevido	적극적인
serio	심각한
nervioso	예민한
tranquilo	침착한

3 제3자의 외모 말하기

¿Cómo es él/ella?	그는/그녀는 어떤 사람이야?
Es ______	그는/그녀는 ______ 입니다.
feo/a	못생긴
moreno/a	까무잡잡한
rubio/a	금발의
joven	젊은

Conversación

4-3

Diálogo 1

• 상황 – 여자 친구의 성격 물어보기

A: ¿Cómo es tu novia?

B: Es guapa, alta y morena.

A: ¿Es cariñosa?

B: Sí, es muy cariñosa.

A: 넌 어떤 종류의 사람이야?
B: 적극적이고 쾌활하고 꽤 침착해.
A: 다정한 사람이야?
B: 아니, 아주 다정해.

Diálogo 2

• 상황 – 새로 온 동료의 외모와 성격 물어보기

A: ¿Cómo es el nuevo compañero David?

B: Es guapo, alto y moreno.

A: ¿Es simpático?

B: Sí, es simpático y muy alegre.

A: 새로 온 동료 다비드는 어떤 사람이야?
B: 잘 생겼고 키도 크고 피부도 구릿빛이야.
A: 친절해?
B: 응, 친절하고 아주 유쾌해.

cariñoso/a 다정한
nuevo/a 새로운
compañero/a 동료
simpático/a 친절한

Repaso

1 스페인어로 써 보세요.

1 Es ____________
(잘생긴 남자)

2 Es ____________
(못생긴 여자)

3 Es ____________
(뚱뚱한 여자)

4 Es ____________
(날씬한 여자)

5 Es moreno.
(까무잡잡한 남자)

6 Es ____________
(금발의 여자)

7 Es ____________
(젊은 남자)

8 Es ____________
(늙은 여자)

2 다음 한국어를 스페인어로 말해 보세요.

1 A: ¿Qué tipo de persona eres?
B: 나는 부지런하고 활달하고 적극적이야. ____________
A: ¿예민하니? ____________
B: No, 아주 침착해. ____________

2 A: ¿Cómo es la nueva compañera Ana?
B: 예쁘고 키도 크고 날씬해. ____________
A: ¿Es graciosa? ____________
B: Sí, 재미있고 아주 친절해. ____________

tipo 타입
persona 사람
¿Qué tipo de persona eres?
= ¿Cómo eres tú?

gracioso/a 재미있는

3 muy, bastante, un poco를 사용하여 자신의 성격을 표현해 보세요.

1 ¿Eres atrevido? - ____________

2 ¿Eres vago? - ____________

3 ¿Eres romántico? - ____________

4 ¿Eres cariñoso? - ____________

5 ¿Eres paciente? - ____________

6 ¿Eres alegre? - ____________

4 다음 문장을 스페인어로 말해 보세요.

1 그녀는 아주 부지런하다. Ella es muy ____________

2 그녀들은 꽤 예쁘다. Ellas ______ bastante ____________

3 넌 적극적이니? ¿Tú eres ____________?

4 나는 다소 소심한 편이야. Yo soy ________ ____________

5 그는 아주 잘 생겼고 다정해. Él es muy ________ y es ________

LECCIÓN 05 안부·상태

Estoy muy enamorado.

나는 아주 사랑에 빠졌습니다.

Diálogo del día

5-1

Ana: ¡Hola, José! ¡Cuánto tiempo! 올라 호세 꾸안또 띠엠뽀

José: Es verdad. ¿Cómo estás? 라 베르닫 꼬모 에스따스

Ana: Fenomenal. ¿Y tú? 페노메날 이 뚜

José: Mal. Mi madre está enferma. 말 미 마드레 에스따 엔페르마

Ana: ¡Ay, qué pena! 아이 께 뻬나

José: ¿Y cómo está tu familia? 이 꼬모 에스따 뚜 파밀리아

Ana: Está bien, gracias. 에스따 비엔 그라시아스

아나: 안녕, 호세! 오랜만이야!

호세: 정말이야. 잘 지내?

아나: 난 아주 잘 지내. 넌?

호세: 나빠. 엄마가 아프셔.

아나: 아이고, 유감이야!

호세: 네 가족은 잘 있니?

아나: 잘 있어, 고마워.

Vocabulario del día

cuánto 얼마나 많은
tiempo 시간
verdad 사실, 진실
muy 아주
bien 잘
fenomenal 훌륭한
mi 나의
madre 어머니
enfermo/a 아픈
pena 유감
familia 가족

Gramática

1 estar 동사 + 상태

estar 동사는 상태를 나타내는 be동사로 '(상태가) 어떠하다'를 의미한다. 상태를 의미하는 형용사 또는 부사가 올 수 있다.

인칭대명사	estar 동사 (상태가 ~하다)
Yo	estoy
Tú	estás
Él / Ella / Usted	está
Nosotros	estamos
Vosotros	estáis
Ellos / Ellas / Ustedes	están

상태를 물을 때는

¿Cómo estás tú? 어떻게 지내? (친한 사이)

¿Cómo está usted? 어떻게 지내세요? (공식적인 관계에서)

2 부사가 올 때

bien(잘), bastante bien(꽤 잘), mal(나쁘게), muy mal(아주 나쁘게) 등은 부사로 성과 수가 변하지 않는다.

Yo estoy bien. 저는 잘 있습니다.

Tú estás bien. 너는 잘 있습니다.

Él está bien. 그는 잘 있습니다.

Ella está bien. 그녀는 잘 있습니다.

Usted está bien. 당신은 잘 있습니다.

Nosotros estamos bien. 우리는 잘 있습니다.

Vosotros estáis bien. 너희들은 잘 있습니다.

Ellos están bien. 그들은 잘 있습니다.

Ustedes están bien. 당신들은 잘 있습니다.

'그럭 저럭, 그냥 그래'라고 표현하고 싶다면 'Ni fu ni fa'라고 말하면 된다.

3 형용사가 올 때

estar 동사도 ser 동사와 마찬가지로 뒤에 오는 형용사는 반드시 주어에 따라 성과 수가 변해야 한다.

Yo estoy contento. 나는 기쁩니다.

Tú estás contento. 너는 기쁩니다.

Él está contento. 그는 기뻐요.

Ella está contenta. 그녀는 기뻐요.

Nosotros estamos contentos. 우리는 기쁩니다.

Vosotros estáis contentos. 너희들은 기쁩니다.

Ellos están contentos. 그들은 기쁩니다.

Ellas están contentas. 그녀들은 기쁩니다.

Ustedes están contentos. 당신들은 기쁩니다.

contento는 어떤 상황에서 기분 좋고, 기쁘고 만족하는 최상의 마음의 상태를 나타낼 때 쓰는 형용사이다.

4 감정 및 상태를 나타내는 다양한 형용사

긍정적 감정과 상태	부정적 감정과 상태
contento/a 만족한	triste 슬픈
divertido/a 재미있는	aburrido/a 지루한
tranquilo/a 마음이 편안한	nervioso/a 긴장한
alegre 즐거운	enfermo/a 아픈
enamorado/a 사랑에 빠진	cansado/a 피곤한

형용사는 -e로 끝나면 남/여성형이 동일하다.
예) impaciente 조바심 나는

5 muy / bastante / un poco / nada 부사와 함께 쓰기

muy(아주), bastante(충분히, 꽤), un poco(조금, 다소), nada(전혀) 등의 부사는 형용사 앞에 위치할 수 있다.

긍정적 감정과 상태	부정적 감정과 상태
muy divertido/a	muy aburrido/a
bastante tranquilo/a	bastante nervioso/a
un poco alegre (×)	un poco enfadado/a (○)
nada enamorado/a	nada cansado/a

un poco는 뒤에 반드시 부정적인 의미의 형용사가 와야 한다.

6 estar 동사 + en 장소명사

estar 동사 뒤에 장소 명사가 오면 '~에 위치해 있다'는 의미가 된다. en은 '~에'를 의미하는 장소 전치사이다.

Estoy en casa. 나는 집에 있어. casa(집)이 전치사 뒤에 올 때는 관사를 생략한다.

¿Dónde estás tú? 너 어디야?

- Estoy en Barcelona. 바르셀로나야.

¿Dónde está mi camisa? 내 셔츠는 어디에 있지?

- Está en el armario. 옷장에 있어.

Expresiones útiles

5-2

1 상대의 상태 묻기

¿Estás ______?	너 (상태가) ______ 하니?
triste	슬픈
enfermo	아픈
cansado	피곤한
contento	기쁜

2 부정적인 마음의 상태 표현

Estoy un poco ______	나는 (상태가) 조금 ______ 합니다.
cansado	피곤한
aburrido	지루한
triste	슬픈
nervioso	긴장한

3 나의 위치 말하기

Yo estoy en ______	나는 ______ 에 있어요.
el hospital	병원
el parque	공원
la plaza	광장
el gimnasio	헬스장

Conversación

5-3

Diálogo ❶

• 상황 – 친구 사이에서 안부 묻기

A: ¿Qué te pasa, Javi? ¿Estás triste?

B: No, estoy contento. ¿Y tú?

A: Yo estoy cansada.

B: ¿Por qué estás cansada?

A: 하비, 무슨 일이야? 슬프니?

B: 아니, 기분 좋아. 넌?

A: 난 피곤해.

B: 왜 피곤해?

Diálogo ❷

• 상황 – 카디스에 있는 친구의 안부를 묻기

A: ¡Jorge! ¿Dónde estás?

B: Estoy en Cádiz.

A: ¿Cómo estás?

B: ¡Uf! Estoy agotado.

A: 호르헤! 어디야?

B: 카디스에 와 있어.

A: 잘 있어?

B: 아이고! 완전 지쳤어.

Repaso

1 다음 상태 형용사를 스페인어로 써 보세요.

1 Está ________ 아픈

2 Está ________ 피곤한

3 Está ________ 슬픈

4 Está ________ 기쁜

5 Está ________ 바쁜

6 Está ________ 화난

2 다음 도시는 어느 나라에 있는지 써 보세요.

Brasil	Perú	Cuba	México	Colombia	Ecuador	Paraguay

1 ¿Dónde está Lima? Está en ________

2 ¿Dónde está Habana? Está en ________

3 ¿Dónde está San Paulo? Está en ________

4 ¿Dónde está Quito? Está en ________

5 ¿Dónde está Bogotá? Está en ________

6 ¿Dónde está Asunción? Está en ________

3 estar 동사를 동사변화하여 넣어 보세요.

1 ¿________ triste, Marta?

- No, ________ muy contenta.

2 ¿Cómo ________ Mario?

- ________ enfermo.

3 ¿Cómo ________ Pepe y Érica?

- ________ enfermos.

4 ¡Pepe!, ¿dónde ______ ?

- ______ en Nueva York.

5 Mamá, ¿dónde ______ mi falda?

- ______ en el armario.

6 ¿Dónde ______ mis gafas?

- ______ en tus ojos.

falda 치마
ojo 눈

4 다음 문장을 스페인어로 말해 보세요.

1 나는 조금 피곤해. Yo ______ un poco ______

2 그녀는 많이 아파. Ella ______ muy ______

3 나 아주 지쳤어 ______ muy ______

4 너희들 피곤하니? ¿______ ______?

5 소피아는 모스크바에 있어. Sofía ______ ______ Moscú.

agotado 지친

LECCIÓN 06 언어

Yo hablo español un poco.

나는 스페인어를 조금 해요.

Diálogo del día

6-1

José: ¿Tú estudias o trabajas?

Ana: Yo trabajo.

José: ¿Dónde trabajas?

Ana: Yo trabajo en la escuela de idiomas. Soy profesora de español.

José: Por eso hablas muy bien español.

Ana: ¿Qué idiomas hablas además de español?

José: Yo hablo inglés, francés y un poco de Japones.

호세: 넌 공부하니 아니면 일하니?

아나: 난 일해.

호세: 어디서 일해?

아나: 난 어학원에서 일해. 스페인어 선생님이야.

호세: 그래서 스페인어를 잘 하는 구나.

아나: 넌 스페인어 외에 어떤 언어를 해?

호세: 난 영어, 프랑스어 그리고 일본어 조금 해.

Vocabulario del día

estudiar 공부하다

trabajar 일하다

escuela 학교, 학원

idioma 언어

por eso 그래서

además de 게다가 ~외에

un poco 조금

inglés 영어

francés 프랑스어

Japones 일본어

Gramática

1 ar형 규칙 동사

스페인어 동사는 –ar형 동사, –er형 동사, –ir형 동사 세 가지로 나눠진다. ar형 규칙 동사는 ar를 빼고 –o, –as, –a, –amos, –áis, –an을 넣어 주면 된다. 규칙동사는 어미 변화만 있고 어간변화는 없다. áis에는 항상 강세(tilde)가 있다.

인칭대명사	estudiar 공부하다	trabajar 일하다	hablar 말하다
Yo	estudio	trabajo	hablo
Tú	estudias	trabajas	hablas
Él,ella, usted	estudia	trabaja	habla
Nosotros	estudiamos	trabajamos	hablamos
Vosotros	estudiáis	trabajáis	habláis
Ellos, ellas, ustedes	estudian	trabajan	hablan

Yo estudio español. 나 스페인어 공부해.

¿Tú trabajas en la escuela de idiomas? 너 어학원에서 일해?

Ella habla español muy bien. 그녀는 스페인어를 잘해.

Nosotros hablamos español. 우리는 스페인어 말해요.

¿Vosotros habláis español? 너희 스페인어 하니?

⊕1인칭 복수형 동사는 '~하자, ~합시다'는 의미가 되기도 한다.
Estudiamos español.
스페인어 공부합시다.
Hablamos en español.
스페인어로 말해요.

2 muy bien(아주 잘), bastante bien(꽤 잘), un poco(조금), nada(전혀)

hablar(말하다) 동사와 부사구가 함께 쓰여 언어적 재능을 표현할 수 있다. nada(전혀)는 부정어 no와 반드시 함께 써야 한다.

Yo no hablo	muy bien bastante bien un poco de nada de	español (스페인어) inglés (영어) francés (프랑스어) japonés (일본어) chino (중국어) alemán (독일어)

Yo hablo español muy bien. 나는 스페인어 아주 잘 해.

Yo hablo inglés bastante bien. 난 영어 제법 해.

⊕언어명과 남성 국명 형용사는 동일하다.
español 스페인어/스페인 남자,
francés 프랑스어/ 프랑스 남자,
portugués 포르투갈어/포르투갈 남자

Yo hablo un poco de japonés. 난 일본어 조금 해.

Yo no hablo chino. 난 중국어 못 해.

3 ar 형 규칙 동사들

Yo	-o	bailar 춤추다
Tú	-as	cantar 노래하다
Él / Ella / Usted	-a	nadar 수영하다
Nosotros	-amos	escuchar 듣다
Vosotros	-áis	tocar 연주하다
Ellos / Ellas / Ustedes	-an	fumar 담배 피우다

Yo bailo flamenco. 나는 플라멩코 춰.

¿Tú escuchas música clásica? 너는 클래식 들어?

Yo no fumo. 난 담배 안 피워.

Rosa toca el piano. 로사는 피아노를 연주해.

◎3인칭 단수형은 tú에 대한 명령형이 되기도 한다.

Rosa baila. 로사는 춤춘다.

Rosa, baila. 로사, 춤 춰.

Pepe canta. 빼빼는 노래한다.

Pepe, canta. 빼빼, 노래 해.

4 llamarse 동사

llamar 동사 역시 바로 ar형 규칙동사로 –o, –as, –a, –amos, –áis, –an으로 변화한다. llamar에 재귀대명사 se(자기 자신을)가 붙어서 재귀동사인 llamarse(자기 자신을 부르다) '이름이 ~이다'라는 뜻이 된다. me는 '내 자신', te는 '너 자신', se는 '그/그녀 자신', nos '우리 자신', os는 '너희 자신', se는 '그들/그녀들 자신'을 의미한다. 좀 더 자세한 내용은 13강에서 다루도록 한다.

인칭대명사	llamarse (이름이 ~이다, ~라고 불리다)
Yo	me llamo José. 내 이름은 호세야.
Tú	te llamas María. 네 이름은 마리아야.
Él / Ella / Usted	se llama Ana. 그녀의 이름은 아나야.
Nosotros	nos llamamos José y María. 우리 이름은 호세와 마리아야.
Vosotros	os llamáis Ana y Fede. 너희들의 이름은 아나와 페데야.
Ellos / Ellas / Ustedes	se llaman Rosa y Cecilia. 그녀들의 이름은 로사와 세실리아야.

¿Cómo te llamas tú? 네 이름은 뭐니?

¿Cómo se llama usted? 당신의 이름은 뭐예요?

¿Cómo os llamáis? 너희들 이름이 뭐니?

¿Cómo se llaman ellos? 그들 이름이 뭐야?

5 소유형용사

이번 과에서는 소유형용사 '나의, 너의, 그의' 단수형만 배워보도록 하자. 소유형용사는 뒤에 오는 명사의 성과 수에 일치해서 변화한다는 사실만 꼭 기억하자. mi, tu, su는 뒤에 복수명사가 나오면 mis, tus, sus로 변화해야 한다. 성 변화는 없다.

	남성	여성
Yo	mi padre 내 아버지	mi madre 내 어머니
Tú	tu hermano 네 오빠	tu hermana 네 언니
Él / Ella / Usted	su hijo 그의 아들	su hija 그녀의 딸

뒤에 복수명사가 오면 복수형으로 바꿔줘야 한다.

	남성	여성
Yo	mis padres 내 부모님	mis hermanas 내 누나들
Tú	tus hermanos 네 형제들	tus hermanas 네 언니들
Él / Ella / Usted	sus hijos 그의 아들들	sus hijas 그녀의 딸들

Mi padre trabaja en el hospital. 우리 아버지 병원에서 일하셔.

Mis padres no trabajan. 우리 부모님은 일 안 하셔.

¿Cómo se llaman tus hermanas? 네 여동생들은 이름이 뭐야?

Expresiones útiles

6-2

1 구사할 줄 아는 언어 말하기

Yo hablo ______________ 나는 ______ 말합니다.

español	스페인어를
inglés	영어를
francés	프랑스어를
chino	중국어를
japonés	일본어를

2 일하는 직장 말하기

Yo trabajo en ______________ 나는 ______ 일합니다.

en la escuela	학교에서
en el hospital	병원에서
en el restaurante	식당에서
en la policía	경찰서에서

3 제3자의 이름 묻기

¿Cómo se llama ______? ______의 이름은 뭐니?

tu novio	네 남자 친구
tu hermano	네 동생
tu padre	네 아버지
tu hijo	네 아들

Conversación

6-3

Diálogo 1

• 상황 – 연주하는 악기와 음악에 대해 묻는 상황

A: ¿Tú tocas la guitarra?

B: Yo no toco la guitarra. Toco el piano.

A: ¿Tú escuchas el jazz?

B: Yo no escucho el jazz. Escucho el pop coreano.

A: 넌 기타 쳐?
B: 난 기타 안 쳐. 피아노는 연주해.
A: 넌 재즈 들어?
B: 난 재즈는 안 들어. K-Pop은 들어.

Diálogo 2

• 상황 – 스페인어 선생님의 이름 묻기

A: ¿Cómo se llama la profesora de español?

B: Se llama Yuri.

A: ¿Es ella española?

B: No, ella es coreana. Es muy simpática.

A: 스페인어 선생님 이름이 뭐예요?
B: 주리라고 해요.
A: 스페인 분이세요?
B: 아니에요, 한국 사람이에요. 아주 친절하죠.

Repaso

1 다음 직업의 사람들이 일하는 장소를 써 보세요.

1 Paco es médico.
Trabaja en ________

2 Saúl es cocinero.
Trabaja en ________

3 Bea es dependienta.
Trabaja en ________

4 Héctor es arquitecto.
Trabaja en ________

5 Ricardo es policía.
Trabaja en ________

6 Lidia es periodista.
Trabaja en ________

2 다음 사람들은 어떤 언어를 말하는지 써 보세요.

1 Rafael Nadal es español y habla ________
2 Ronaldo es portugués y habla ________
3 Shakira es colombiana y habla ________
4 Donald Trump es estadounidense y habla ________
5 Isabelle Adjani es francesa y habla ________
6 Putin es ruso y habla ________

③ 다음 동사를 활용하여 문장을 만들어 보세요.

escuchar trabajar fumar tocar bailar hablar

1 Yo __________ una canción.
2 Yo __________ en la escuela.
3 Yo __________ español.
4 Yo __________ el violín.
5 Yo __________ en el teatro.
6 Yo __________ un cigarro.

violín 바이올린
teatro 극장
cigarro 담배 한 개피

④ 다음 보기와 같이 긍정 혹은 부정으로 말해 보세요.

| 보기 |

난 스페인어 말해. → Yo hablo español.
난 스페인어 못해. → Yo no hablo español.

1 __________ canto en el Karaoke.
2 __________ bailo tango.
3 __________ fumo.
4 __________ nado en la piscina.
5 __________ escucho música.
6 __________ hablo chino.
7 __________ toco el piano.

LECCIÓN 운동·취미

07 Yo veo la serie española.

나는 스페인 드라마를 봅니다.

Diálogo del día

7-1

José: Ana, ¿tú ves la película española?

Ana: No, pero veo la serie española en Netflix.

José: ¿Qué serie ves?

Ana: Veo "La Casa de Papel".

José: Es una serie muy famosa.

Ana: Sí, es muy divertido.

호세: 아나, 너 스페인 영화 보니?

아나: 아니, 그런데 네플릭스로 스페인 드라마 봐.

호세: 어떤 드라마 봐?

아나: "종이의 집"을 봐.

호세: 아주 유명한 드라마야.

아나: 응, 아주 재미있어.

Vocabulario del día

ver 보다(veo/ves/ve/vemos/veis/ven으로 동사변화)

película 영화

serie 드라마

famoso 유명한

divertido 재미있는

La Casa de Papel
직역하면 '종이의 집', '조폐국'을 의미, 스페인 조폐국을 터는 범죄 스릴러 드라마

Gramática

1 er 동사 규칙형

Er형 동사는 er대신에 -o,-es, -e, -emos, -éis, -en을 넣어 주면 된다. 1인칭 yo 에서 -o로 변화하는 것은 ar, er, ir동사 모두 동일하다. vosotros에서 -éis 강세 표기를 반드시 해줘야 한다.

인칭대명사	comer 먹다	beber 마시다	leer 읽다
Yo	como	bebo	leo
Tú	comes	bebes	lees
Él,ella, usted	come	bebe	lee
Nosotros	comemos	bebemos	leemos
Vosotros	coméis	bebéis	leéis
Ellos, ellas, ustedes	comen	beben	leen

Yo como pizza. 나 피자 먹어. ¿Tú comes hamburguesa? 너 햄버거 먹니?

Yo bebo cerveza. 난 맥주 마셔. ¿Tú bebes vino? 넌 와인 마셔?

Yo leo el libro de historia. 난 역사 책을 읽어.

ver(보다)는 불규칙 동사로 veo, ves, ve, vemos, veis, ven로 변화한다.

예) Yo veo la tele.
나는 텔레비전을 본다.

2 ir 동사 규칙형

ir형 동사는 ir대신에 -o, -es, -e, -imos, -ís, -en을 넣어 주면 된다. 1, 2인칭 복수만 제외하고 -er형 동사와 동일하게 변화한다. vosotros -ís에 강세 표기를 반드시 해야 한다.

인칭대명사	escribir 쓰다	vivir 살다	abrir 열다
Yo	escribo	vivo	abro
Tú	escribes	vives	abres
Él,ella, usted	escribe	vive	abre
Nosotros	escribimos	vivimos	abrimos
Vosotros	escribís	vivís	abrís
Ellos, ellas, ustedes	escriben	viven	abren

Yo escribo e-mail. 나 이메일 써.

¿Tú escribes cartas de amor? 너 러브레터 쓰니?

carta de amor 러브레터

poesía 시

Mario escribe poesía. 마리오는 시를 써.

¿Dónde vives tú? 넌 어디에 사니?

Yo vivo en el piso. 난 아파트에 살아.

piso는 빌라형 아파트를 말한다. apartamento는 원룸형 아파트를 의미한다.

3 jugar(놀다) 동사 변화형

불규칙 동사는 일반적으로 뒤의 어미는 규칙형과 동일하고 앞의 어간에서만 살짝 변화한다. jugar 동사는 -u가 -ue로 변화하는 ue형 불규칙 동사이다. jugar동사는 반드시 a라는 전치사가 와야 하고 전치사 a와 관사 el이 합쳐지면 al이 된다.

Yo	juego	al	tenis 테니스
Tú	juegas	al	fútbol 축구
Él / Ella / Usted	juega	al	béisbol 야구
Nosotros	jugamos	al	baloncesto 농구
Vosotros	jugáis	al	golf 골프
Ellos / Ellas / Ustedes	juegan		

Yo juego al tenis. 나 테니스 해.

¿Tú juegas al fútbol? 넌 축구해?

Pepe juega al béisbol. 페페는 야구해.

Nosotros jugamos al golf. 우리는 골프쳐요.

jugar 다음에 전치사 con이 함께 오게 되면 '~와 함께 놀다'라는 표현이 된다. 강아지 또는 아이와 놀아줄 때 쓸 수 있다.

예) Juego con mi perro.
내 강아지와 놀아.
Juego con mi niño.
내 아이와 놀아.

4 hacer(하다) 동사 변화형

hacer 동사는 1인칭에서 –go로 변화하는 –go형 불규칙 동사이다.

Yo	hago	
Tú	haces	deporte 운동
Él / Ella / Usted	hace	aeróbic 에어로빅
Nosotros	hacemos	boxeo 복싱
Vosotros	hacéis	
Ellos / Ellas / Ustedes	hacen	

¿Haces deporte? 너 운동해?

Yo hago aeróbic. 나는 에어로빅 해.

Hacer동사처럼 1인칭에서 -go로 변하는 동사로 poner(놓다)가 있다.
Yo pongo la mesa.
나는 식탁을 차린다.

Sara hace yoga. 사라는 요가해요.

5 salir(나가다) 동사 변화형

salir 동사도 hacer동사와 마찬가지로 1인칭에서 -go로 변화하는 go형 불규칙 동사이다. salir는 ~에서 나가다, 놀러 나가다, 사귀다 등 다양한 의미로 쓰일 수 있다.

Yo	salgo
Tú	sales
Él / Ella / Usted	sale de noche 밤에 놀러 나가다
Nosotros	salimos
Vosotros	salís
Ellos / Ellas / Ustedes	salen

Yo salgo mucho de noche. 난 밤에 많이 나가 놀아.

¿Tú sales mucho? 넌 많이 나가 노니?

Yo salgo con José. 나 호세와 사겨.

salir con 다음에 이성친구가 오게 되면 '데이트하다, 사귀다'의 의미로 쓰인다.
예) Salgo con un chico.
어떤 남자와 데이트해.

6 빈도부사

빈도부사는 동사 앞, 뒤, 문장 끝에 자유롭게 위치할 수 있다.

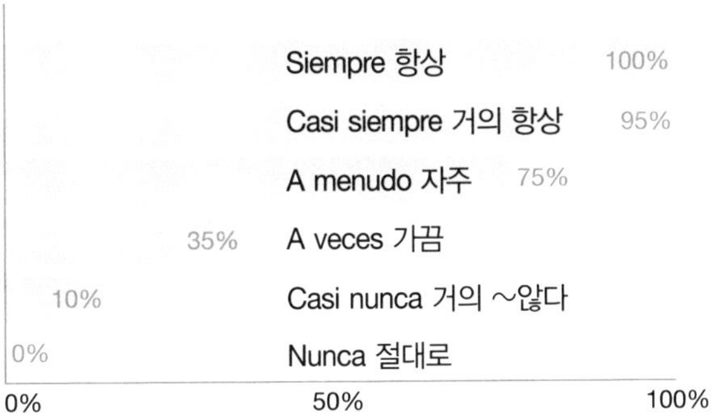

Juana siempre come en casa. 후아나는 항상 집에서 밥을 먹는다.

Juana come siempre en casa. 후아나는 항상 집에서 밥을 먹는다.

Juana come en casa siempre. 후아나는 항상 집에서 밥을 먹는다.

nunca는 동사 뒤에 위치하게 되면 동사 앞에 no를 반드시 중복해서 써 줘야 한다.
Mónica nunca come en casa.
Mónica no come nunca en casa.

Expresiones útiles

7-2

1 사는 곳 말하기

Yo vivo en ____________ 나는 ______ 에 살아요.

en Madrid	마드리드에
en Tokio	도쿄에
en Nueva York	뉴욕에
en San Paulo	상파울로에

2 하는 운동 말하기

Yo juego al ____________ 나는 (어떤 운동을) ______ 해.

al tenis	테니스를
al fútbol	축구를
al béisbol	야구를
al baloncesto	농구를

3 Hacer 동사로 말하기

Yo hago ____________ 나는 ______ 을 해.

los deberes	숙제를
la cama	침대정리를
el deporte	운동을
la paella	파에야를

Conversación

7-3

comida rápida
패스트 푸드

bocadillo
(스페인식)샌드위치

alcohol 술

Diálogo 1

• 상황 – 패스트푸드와 술에 대해 이야기합니다

A: ¿Tú comes comida rápida?

B: Sí. A menudo como el bocadillo.

A: ¿Tú bebes alcohol?

B: No, yo nunca bebo alcohol.

A: 너 패스트 푸드 먹니?

B: 응, 자주 햄버거를 먹어.

A: 너 술은 마셔?

B: 아니, 술은 절대 안 마셔.

Diálogo 2

• 상황 – 평소 어떤 운동을 하는지 서로 물어 봅니다

A: ¿Qué deporte haces?

B: Yo siempre juego al fútbol. ¿Y tú?

A: Juego al tenis. ¿Tú haces yoga?

B: Yo nunca hago yoga.

A: 넌 어떤 운동해?

B: 난 항상 축구해. 넌?

A: 테니스 해. 너 요가해?

B: 요가는 절대 안 해.

Repaso

1 다음 보기와 같이 긍정 혹은 부정으로 말해 보세요.

| 보기 |

난 생선 먹어. → Yo como pescado.
난 생선 안 먹어. → Yo no como pescado.

1 ______ como hamburguesa.
2 ______ bebo cerveza.
3 ______ vivo solo.
4 ______ escribo carta de amor.
5 ______ leo el libro de historia.
6 ______ aprendo chino.
7 ______ vivo en Seúl.

vivir solo/a 혼자 살다
historia 역사

2 다음 동사를 활용하여 문장을 만들어 보세요.

escribir leer beber jugar hacer ver

1 Yo ______ la sangría.
2 Yo ______ un texto.
3 Yo ______ una película.
4 Yo ______ los deberes.
5 Yo ______ el diario.
6 Yo ______ al tenis.

película 영화
deberes 숙제
diario 시

3 다음과 같은 빈도부사를 사용하여 문장을 완성해 보세요.

A menudo	A veces	Casi nunca	Nunca	Siempre

1 ______ bebo vino.

2 ______ como tacos.

3 ______ juego al golf.

4 ______ hago yoga.

5 ______ salgo de noche.

6 ______ leo novela.

7 ______ juego al fútbol.

novela 소설

LECCIÓN 요일·날짜

08 ¿A qué estamos hoy?

오늘은 며칠입니까?

Diálogo del día

8-1

José: ¿A qué estamos?

Ana: Estamos a cinco de abril.
Hoy es mi cumpleaños.

José: Ah, ¿sí? ¡Feliz cumpleaños!

Ana: Muchas gracias.

José: ¿Cuántos años tienes?

Ana: Ya tengo veintinueve.

호세: 오늘 며칠이야?

아나: 4월 5일이야. 오늘 내 생일이야.

호세: 아, 그래? 생일 축하해!

아나: 고마워.

호세: 몇 살이야?

아나: 이제 스물 아홉이야.

Vocabulario del día

cumpleaños 생일
abril 4월
feliz 행복한
muchos/as 많은
cuántos 얼마나 많은
año 연, 해
tener 가지다

Gramática

1 요일 (Días de la semana)

요일과 달은 반드시 소문자로 써야 한다. 요일을 말할 때는 ser 동사의 3인칭 단수인 es를 써야 한다. ser 동사 뒤에 요일이 올 때는 관사를 쓰지 않는다.

월요일	화요일	수요일	목요일	금요일	토요일	일요일
lunes	martes	miércoles	jueves	viernes	sábado	domingo

¿Qué día es hoy? 오늘은 무슨 요일입니까?

- Hoy es lunes. 오늘은 월요일입니다.

⊙ 정관사 el 다음에 요일이 오게 되면 '~요일에'라는 의미가 된다.
El martes estudio español.
화요일에 스페인어 공부해.

⊙ 정관사 복수형인 los 다음에 요일을 쓰게 되면 '~요일마다'의 의미가 된다.
los lunes 월요일마다
los miércoles 수요일마다
los sábados 토요일마다

2 월 (meses)

월, 달은 mes라고 하고 반드시 소문자로 쓴다. 달을 물을 때는 estar 동사의 1인칭 복수형인 estamos를 쓴다.

1월	2월	3월	4월	5월	6월
enero	febrero	marzo	abril	mayo	junio
7월	**8월**	**9월**	**10월**	**11월**	**12월**
julio	agosto	septiembre	octubre	noviembre	diciembre

¿En qué mes estamos? 무슨 달입니까?

- Estamos en mayo. 5월입니다.

3 날짜 (La fecha)

오늘의 날짜를 물을 때는 estar 동사의 1인칭 복수형인 estamos를 써서 말한다. 날짜는 [일 + de + 월] 순서로 말해야한다.

¿A qué estamos hoy? 오늘 며칠이예요?

- Estamos a veintiuno de febrero. 오늘은 2월 21일입니다.

4 숫자 (1~40)

1부터 30까지는 한 개의 단어입니다. 31부터는 십 단위와 일 단위 사이에 y를 연결한다.

1	uno	11	once	21	veintiuno	31	treinta y uno
2	dos	12	doce	22	veintidós	32	treinta y dos
3	tres	13	trece	23	veintitrés	33	treinta y tres
4	cuatro	14	catorce	24	veinticuatro	34	treinta y cuatro
5	cinco	15	quince	25	veinticinco	35	treinta y cinco
6	seis	16	dieciséis	26	veintiséis	36	treinta y seis
7	siete	17	diecisiete	27	veintisiete	37	treinta y siete
8	ocho	18	dieciocho	28	veintiocho	38	treinta y ocho
9	nueve	19	diecinueve	29	veintinueve	39	treinta y nueve
10	diez	20	veinte	30	treinta	40	cuarenta

특정 날짜를 말할 때는 ¿Qué fecha es~?라고 물을 수 있다.
예) Qué fecha es la Navidad? 크리스마스는 며칠이에요?
Es el veinticinco de diciembre. 12월 25일이에요.

5 나이 (Edad)

스페인어로 나이를 말할 때는 tener(가지다) 동사를 써야 한다. tener 동사는 e → ie로 변하는 ie형 불규칙 동사이다. 나이를 물을 때는 의문사 Cuántos(얼마나 많은)를 써서, ¿Cuántos años tienes (tú)? 라고 말하면 된다.

Yo	tengo
Tú	tienes
Él / Ella / Usted	tiene
Nosotros	tenemos
Vosotros	tenéis
Ellos / Ellas / Ustedes	tienen

¿Cuántos años tienes? 몇 살입니까?

- Tengo veinte (años). 20살입니다.

uno 뒤에 남성명사가 오게 되면 'o'가 탈락된다.
Tengo veintiún años. = Tengo veintiuno.

Expresiones útiles

8-2

1 오늘 날짜 말하기

Estamos a ______________	오늘은 ______________ 입니다.
a uno de marzo	3월 1일
cinco de mayo	5월 5일
siete de julio	7월 7일
quince de agosto	8월 15일

2 공휴일 날짜 묻기

¿Qué fecha es ______________?	______________ 는 며칠입니까?
la Navidad	크리스마스
la Nochebuena	크리스마스 이브
la Noche vieja	노체 비에하(12월 31일)
el Año Nuevo	새 해

3 제3자의 나이 묻기

¿Cuántos años tiene ______________?	______________ 는 몇 살입니까?
tu novio	네 남자 친구
tu padre	네 아버지
tu hermano	네 남동생

Conversación

8-3

Diálogo 1

• 상황 – 오늘 날짜와 공휴일 날짜를 물어봅니다

A: ¿Qué fecha es hoy?

B: Hoy es uno de mayo.

A: ¿Qué fecha es el día de los niños en Corea?

B: Es cinco de mayo.

A: 오늘 며칠이야?

B: 오늘 5월 1일.

A: 한국에서는 어린이 날이 며칠이야?

B: 5월 5일이야.

El día de los niños는 어린이날. 스페인에서는 어린이날을 el día de los Reyes Magos(동방박사의 날)이라고 말한다.

Diálogo 2

• 상황 – 동갑인 친구끼리의 대화

A: ¿Cuántos años tienes tú?

B: Yo tengo veintiún años. ¿Y tú?

A: Yo también tengo veintiuno.

B: Nosotros tenemos la misma edad.

A: 너 몇 살이야?

B: 난 21살이야, 넌?

A: 나도 21살인데.

B: 우리 동갑이네.

mismo/a 같은

edad 나이

Repaso

1 오늘 날짜를 스페인어로 말해 보세요.

1 1월 17일입니다. ________________

2 3월 15일입니다. ________________

3 7월 24일입니다. ________________

4 9월 31일입니다. ________________

5 12월 11일입니다. ________________

2 다음 날짜를 스페인어로 말해 보세요.

1 ¿Qué fecha es el día de Año Nuevo?

Es el ________________

2 ¿Qué fecha es el día de los Reyes Magos?

Es el ________________

3 ¿Qué fecha es el día de San Valentín?

Es el ________________

4 ¿Qué fecha es la día de la Hispanidad?

Es el ________________

5 ¿Qué fecha es la Nochebuena?

Es el ________________

⊕ día de la Hispanidad은 10월 12일 콜럼버스의 아메리카 신대륙 발견의 날로 스페인의 중요한 국경일이다.

3 다음 빈칸에 tener동사의 변화형을 넣어 보세요.

1 Yo ________ veintiún año.

2 Rosa ________ treinta y un año.

3 Nosotras ________ veintidós años.

4 Mi hermana ________ diecinueve años.

5 Pedro y Ramón ________ veintinueve años.

⊕ uno는 남성명사 앞에서 'o'가 탈락된다.

LECCIÓN 09 시간

¿A qué hora es la clase de español?

스페인어 수업이 몇 시입니까?

Diálogo del día

9-1

José: ¿Qué hora es?

Ana: Son las diez.

José: Ya es la hora de empezar la clase.

Ana: ¿A qué hora es la clase?

José: Es a las diez y media.

Ana: ¿A qué hora quedamos a comer?

José: A la una.

호세: 몇 시야?

아나: 10시야.

호세: 이제 수업 시작할 시간이다.

아나: 수업이 몇시야?

호세: 10시 반이야.

아나: 우리는 몇 시에 만나서 점심 먹을까?

호세: 1시.

Vocabulario del día

hora 시간

ya 이제, 이미, 벌써

empezar 시작하다

clase 수업

quedar a 동사원형. ~하기 위해 만나다

a (몇 시)에

Gramática

1 숫자 말하기 (1~100)

1부터 30까지는 한 개의 단어로 31부터는 y를 연결시켜 세 개의 단어로 구성된다. 31부터 99까지는 십자리에 -y uno -y dos -y tres...를 붙여 쓴다.

1	uno	11	once	21	veintiuno	31	treinta y uno
2	dos	12	doce	22	veintidós	32	treinta y dos
3	tres	13	trece	23	veintitrés	33	treinta y tres
4	cuatro	14	catorce	24	veinticuatro	40	cuarenta
5	cinco	15	quince	25	veinticinco	50	cincuenta
6	seis	16	dieciséis	26	veintiséis	60	sesenta
7	siete	17	diecisiete	27	veintisiete	70	setenta
8	ocho	18	dieciocho	28	veintiocho	80	ochenta
9	nueve	19	diecinueve	29	veintinueve	90	noventa
10	diez	20	veinte	30	treinta	100	cien

2 시간 묻고 말하기

시간을 말할 때는 ser 동사의 3인칭 단수 혹은 복수형을 쓴다(es/son). 시간은 la hora 여성 명사로 시간을 말할 때는 반드시 정관사 la, las를 써야 한다. 한 시는 uno가 아니라 una로 변화해야 한다.

*몇 시 입니까? → ¿Qué hora es? 또는 ¿Qué hora son?

Es la una. 1시입니다.
Son las **dos.** 두시입니다.
Son las **tres.** 세시입니다.
Son las **cuatro.** 네시입니다.
Son las **cinco.** 다섯시입니다.
Son las **seis.** 여섯시입니다.

Son las **siete.** 일곱시입니다.
Son las **ocho.** 여덟시입니다.
Son las **nueve.** 아홉시입니다.
Son las **diez.** 열시입니다.
Son las **once.** 열한시입니다.
Son las **doce.** 열두시입니다.

⊙정관사를 쓰지 않으면 시간이 아니라 단순히 숫자를 의미한다.
Son dos. 둘 입니다. 두 사람입니다.

3 [시 + 분] 말하기

시와 분을 연결할 때는 접속사 y를 쓰면 된다. 정각은 en punto라고 말한다. 5분은 y cinco, 10분은 y diez처럼 말한다. 15분은 y cuarto, 30분은 y treinta 또는 y media(반). '전'은 menos이다. 5분 전은 menos cinco, 10분 전은 menos diez.

Son las doce en punto. 12시 정각입니다.

Son las dos y diez. 2시 10분입니다.

Son las cuatro y media. 4시 반입니다.

Son las diez menos cinco. 10시 5분전입니다.

Es la una y cinco. 1시 5분입니다.

Son las tres y cuarto. 3시 15분입니다.

15분은 y quince를 써도 무방하다.
예) Son las tres y quince.
3시 15분입니다.

4 수업 시간 물어보기

'몇 시에'는 a qué hora로 반드시 시간 전치사 a를 써야 한다. 수업, 행사 등이 몇 시에 열리냐고 물을 때는 ser동사의 3인칭 단수 동사 es를 쓰면 된다. 여기서 es는 '행사가 열리다'는 의미가 된다. 대답도 전치사 a와 함께 써서 말해야 한다.

¿A qué hora es la clase de español? 스페인어 수업은 몇 시예요?

- (La clase) es a las seis. 수업은 6시입니다.

동사를 사용하지 않고 [a + 시간]을 써서 시간만 간단히 말할 수도 있다.

A la una. 1시에
A las dos. 2시에
A las tres. 3시에
A las cuatro. 4시에
A las cinco. 5시에
A las seis. 6시에

A las siete. 7시에
A las ocho. 8시에
A las nueve. 9시에
A las diez. 10시에
A las once. 11시에
A las doce. 12시에

de la mañana 오전
de la tarde 오후
de la noche 밤

de la mañana, de la tarde, de la noche는 항상 시간과 함께 붙여서 써야 한다.

La fiesta es a las ocho de la noche. 파티는 밤 8시입니다.

La boda es a la una de la tarde. 결혼식은 오후 1시입니다.

La clase de matemáticas es a las nueve de la mañana. 수학 수업은 오전 9시입니다.

5 일상생활과 시간

일상생활 표현에 필요한 불규칙 동사를 몇 개 배워보자. empezar는 -ie형 불규칙 동사, volver는 -ue형 불규칙 동사이다.

인칭 대명사	salir 나가다	empezar 시작하다	volver 돌아오다
Yo	salgo	empiezo	vuelvo
Tú	sales	empiezas	vuelves
Él / Ella / Usted	sale	empieza	vuelve
Nosotros	salimos	empezamos	volvemos
Vosotros	salís	empezáis	volvéis
Ellos / Ellas / Ustedes	salen	empiezan	vuelven

'약, 즈음, 대략'를 의미하는 부사는 más o menos가 있다. 위치는 시간 앞, 뒤 둘 다 가능하다.
A las doce más o menos = Más o menos a las doce
약 12시에

¿A qué hora sales de casa? 몇 시에 집에서 나가니?

- Salgo de casa a las ocho. 8시에 나가.

¿A qué hora empiezas la clase? 수업을 몇 시에 시작하니?

- Empiezo la clase a las nueve y media. 9시 반에 시작해.

¿A qué hora vuelves a casa? 집에 몇 시에 돌아가?

- Vuelvo a casa a las diez y cuarto. 10시 15분에 돌아가.

Expresiones útiles

9-2

1 행사 시간 물어보기

¿A qué hora es ______? ______가 몇 시예요?

el baile	댄스파티
el entierro	장례식
el partido	경기
la cena	저녁식사

2 일상생활 시각 물어보기

¿A qué hora ______? 몇 시에 ______해요?

desayunas	아침 먹어
comes	점심 먹어
cenas	저녁 먹어
terminas la clase	수업을 마쳐

desayunar 아침 먹다
comer 점심 먹다
cenar 저녁 먹다
terminar 끝내다

3 약속 시간 잡기 (Quedar a + 시간: ~시에 만나다)

Quedamos a ______ ______에 만나요

a la una	1시에
a las cinco	5시에
a las ocho.	8시에
a las doce	12시에

Conversación

9-3

Diálogo 1

• 상황 - 수업시간을 묻는 상황

A: ¿A qué hora empiezas la clase de español?

B: A las seis y veinte.

A: ¿A qué hora terminas la clase?

B: A las ocho.

A: 스페인어 수업 몇 시에 시작해?

B: 6시 20에.

A: 몇 시에 마쳐?

B: 8시에.

Diálogo 2

• 상황 - 점심식사와 귀가 시간을 물어보는 상황

A: ¿A qué hora comes?

B: A la una.

A: ¿A qué hora vuelves a casa?

B: A las diez y media más o menos.

A: 몇 시에 점심 먹어?

B: 1시에.

A: 몇 시에 집에 돌아가?

B: 10시 반 쯤.

Repaso

1 시계를 보고 스페인어로 시간을 말해 보세요.

1 ______________________

2 ______________________

3 ______________________

4 ______________________

5 ______________________

2 다음 행사의 시간을 스페인어 말해 보세요.

1 ¿A qué hora es la clase de inglés? (1:00)

Es a ______________________

2 ¿A qué hora es la boda? (2:30)

Es a ______________________

3 ¿A qué hora es el baile? (9:45)

Es a ______________________

4 ¿A qué hora es el entierro? (10:30)

Es a ______________________

5 ¿A qué hora es el partido? (11:15)

Es a ______________________

boda 결혼식
baile 댄스파티
entierro 장례식
partido 경기

3 마누가 몇 시에 이런 행동을 하는지 말해 보세요.

1 ¿A qué hora sale de casa Manu? 8:30

Sale de casa a ______________

2 ¿A qué hora come Manu? 1:15

Come a ______________

3 ¿A qué hora empieza el trabajo Manu? 6:00

Empieza la clase a ______________

4 ¿A qué hora termina el trabajo Manu? 14:00

Termina la clase a ______________

5 ¿A qué hora vuelve a casa Manu? 24:20

Vuelve a casa a ______________

LECCIÓN 10 날씨

¿Qué tiempo hace hoy?

오늘 날씨가 어때요?

Diálogo del día

10-1

José: ¿Cómo es el clima de Corea?

Ana: En Corea hay 4 estaciones.
En primavera hace sol y hace muy buen tiempo.

José: ¿Qué tiempo hace en verano?

Ana: En verano hace calor y llueve mucho.

José: ¿Qué tiempo hace en otoño?

Ana: En otoño hace viento y hace fresco.

José: Y ¿qué tiempo hace en invierno?

Ana: En invierno hace frío y nieva a menudo.

호세: 한국의 기후는 어때?

아나: 한국에는 사계절이 있어. 봄엔 태양이 쨍쨍하고 날씨가 좋아.

호세: 여름엔 날씨가 어때?

아나: 여름엔 덥고 비가 많이 와.

호세: 가을엔 날씨가 어때?

아나: 가을엔 바람이 불고 선선해.

호세: 그리고 겨울 날씨는 어때?

아나: 겨울엔 춥고 눈이 자주 와.

Vocabulario del día

clima 기후
estación 계절
primavera 봄
sol 태양
tiempo 날씨
verano 여름
calor 더위
llover 비오다
otoño 가을
viento 바람
fresco 선선한
invierno 겨울
frío 추위
nevar 눈이오다

Gramática

1 날씨 말하기 (hacer 동사 활용)

날씨를 말할 때는 hacer동사의 3인칭 단수형인 hace를 써야 한다. 날씨를 말할 때 hace가 영어의 it's라고 생각하면 된다. 날씨는 스페인어로 tiempo라고 한다.

¿Qué tiempo hace? 날씨가 어때요?	primavera 봄	verano 여름
	otoño 가을	invierno 겨울

Hace calor. 더워.

Hace frío. 추워.

Hace sol. 햇볕이 쨍쨍해.

Hace viento. 바람이 불어.

Hace fresco. 선선해.

Hace buen tiempo. 날씨가 좋아.

Hace mal tiempo. 날씨가 나빠.

ⓘbueno(좋은), malo(나쁜)는 남성명사 앞에서 'o'가 반드시 탈락되어야 한다.
buen chico 착한 남자
mal chico 나쁜 남자

2 날씨 말하기 (estar 와 hay동사 활용)

날씨를 말할 때는 상태 be 동사인 estar 동사를 사용하는 경우도 있다. '날씨가 흐리다', '날씨가 개었다' 등을 말할 때는 estar 동사의 3인칭 단수형인 está를 쓰면 된다.

El cielo está nublado. 하늘이 흐려.

El cielo está despejado. 하늘이 개었어.

ⓘcielo 하늘, nublado 흐린, despejado 개인
Hace un día muy claro.
아주 맑은 날이야.

hay 동사는 '~가 있다, 존재한다'는 의미의 동사로 동사변화가 한 개만 있다. hay 다음에 단수 또는 복수 명사 모두 다 올 수 있다.

Hay niebla. 안개가 있어.

Hay humedad. 습기가 있어.

Hay tormenta. 폭풍이 있어.

ⓘ습도를 말할 때는 ser 동사를 쓴다.
Es húmedo. 습해.
Es seco. 건조해.

3 비와 눈에 대해 말할 때

비와 눈은 별도의 동사가 존재한다. llover는 '비가 오다' nevar는 '눈이 오다'라는 동사이다. 단, 이 동사는 불규칙 변화하며, llover는 llueve로, nevar는 nieva로 변화한다. 날씨는 당연히 인칭변화하지 않아서 3인칭 단수형 한 개만 존재한다.

Llueve. 비가 와.

Nieva. 눈이 와.

ⓘlluvia 비 nieve 눈
Hay lluvia. 비가 와.
Hay nieve. 눈이 있어.

4 mucho / mucha / muy의 쓰임새

mucho와 mucha는 명사 앞에 쓰여 '많은'(much)을 의미하는 형용사이다. mucho는 남성명사, mucha는 여성명사를 취해야 한다. mucho가 동사 뒤에 위치하면 '많이'를 의미하는 부사가 된다. 이 때 부사는 성변화 하지 않는다.

Hace mucho calor. 아주 더워.

Hace mucho frío. 아주 추워.

Hace mucho sol. 햇볕이 아주 쨍쨍해.

Hay mucha humedad. 아주 습해.

Llueve mucho. 비가 많이 와.

muy는 '아주, 매우'(very)를 의미하며 반드시 형용사 또는 부사를 취해야 한다.

Hace muy buen tiempo. 아주 날씨가 좋아.

Hace muy mal tiempo. 아주 날씨가 나빠.

El cielo está muy nublado. 하늘이 아주 흐려.

Hace ~~mucho~~ buen tiempo. Hace ~~muy~~ calor. (잘못된 표현)

5 기온 표현

기온을 물을 때는 '몇 도'라는 표현을 기억해두자. '도'는 스페인어로 grado, '얼마나 많은, 몇'을 의미하는 의문사는 cuánto이다. grado가 셀 수 있는 명사여서 grados, 의문사 cuánto도 복수형 cuántos를 써야 한다. 동사는 estar(상태가 ~이다) 1인칭 복수형인 estamos를 써야 한다.

¿A cuántos grados estamos? 몇 도입니까?

Estamos a quince grados. 15도입니다.

Estamos a cinco grados bajo cero. 영하 5도입니다.

bajo cero 영하

6 감탄문

의문사 Qué(무엇)을 활용한 감탄문 만드는 방법을 배워보자. 스페인어의 감탄문은 qué 다음에 명사 또는 형용사를 붙여주면 쉽게 만들 수 있다. 어순은 ¡Qué + 명사/형용사 + (동사)!가 되고, 뒤의 동사는 흔히 생략하여 말한다.

¡Qué calor (hace)! 정말 덥다!

¡Qué frío (hace)! 정말 춥다!

¡Qué fresco (hace)! 정말 선선하다!

날씨가 아닌 자신의 몸이 덥고 추울 때는 ¡Qué calor (tengo)! ¡Qué frío (tengo)!라고 한다.

Expresiones útiles

10-2

1 hacer 동사로 날씨 말하기

Hace ______________	날씨가 ______________.
calor	더워
frío	추워
sol	햇볕이 쨍쨍해
viento	바람 불어

2 기온 말하기

Estamos a ______________	기온이 ________ 입니다.
diez grados	10도
treinta grados	30도
seis grados bajo cero	영하 6도
quince grados bajo cero	영하 15도

3 감탄문으로 날씨 표현하기

¡Que damos a ______________	정말 ______________!
a la nua	날씨 좋다
a las cinco	날씨 나쁘다
a las ocho	바람 많이 분다
a las doce	덥다

Conversación

10-3

Diálogo 1

• 상황 – 오늘의 날씨와 기온을 묻는 상황

A: ¿Qué tiempo hace hoy?

B: Hoy hace mucho calor y hay mucha humedad.

A: ¿A cuántos grados estamos?

B: Estamos a 30 grados.

A: 오늘 날씨가 어때요?

B: 오늘 아주 덥고 습기가 많아요.

A: 몇도예요?

B: 30도입니다.

Diálogo 2

• 상황 – 좋아하는 계절에 대해 얘기합니다.

A: ¿Cuál es tu estación favorita?

B: Mi estación favorita es el otoño.

A: ¿Por qué?

B: Porque no hace ni calor ni frío.

A: 네가 가장 좋아하는 계절이 뭐야?

B: 내가 좋아하는 계절은 가을이야.

A: 왜?

B: 왜냐하면 덥지도 춥지도 않아서.

por qué 왜

porque 왜냐하면

ni ~도 아닌

Repaso

1 다음 빈칸에 hace, está, hay 동사를 넣어서 날씨 표현을 해 보세요.

1 ______ sol.
2 ______ buen tiempo.
3 ______ nublado.
4 ______ humedad.
5 ______ mal tiempo.
6 ______ niebla.
7 ______ fresco.
8 ______ viento.

2 다음 빈 칸에 muy, mucho, mucha를 넣어 보세요.

1 Hace ______ viento.
2 Llueve ______
3 Nieva ______
4 Está ______ nublado.
5 Hay ______ humedad.
6 Hace ______ buen tiempo.
7 Hace ______ mal tiempo.
8 Hace ______ sol.

3 한국의 날씨를 스페인어로 작문해 보세요.

1 ¿Qué tiempo hace en primavera?

______

2 ¿Qué tiempo hace en verano?

______

3 ¿Qué tiempo hace en otoño?

______

4 ¿Qué tiempo hace en invierno?

______

LECCIÓN 11

제안·동의·반대

Yo quiero vivir en España.

스페인에서 살고 싶어요.

Diálogo del día

11-1

José: ¿Qué quieres hacer este fin de semana?

Ana: Yo quiero ir al cine.

José: ¿Qué película quieres ver?

Ana: Quiero ver la película de española, Campeones.

José: Tengo mucho interés en esa película.

Ana: ¿Y tú qué quieres hacer?

José: Yo también quiero ir al cine contigo.

호세: 이번 주말에 뭐 하고 싶어?

아나: 난 영화관에 가고 싶어.

호세: 어떤 영화 보고 싶은데?

아나: 스페인 영화 '챔피언스'를 보고 싶어.

호세: 난 그 영화에 관심 있어.

아나: 넌 뭐 하고 싶어?

호세: 나도 너와 함께 영화관에 가고 싶어.

Vocabulario del día

este 이 (지시형용사)

fin de semana 주말

ir 가다

novio 남자친구

película 영화

contigo 너와 함께

Gramática

1 querer 동사

◎숙어로 암기해두자.
dar un paseo 산책하다
comer fuera 밖에서 밥을 먹다 (외식하다)

querer 동사는 ie형 불규칙 동사로 뒤에 명사 또는 동사원형이 올 수 있다. '~을 원해, ~를 하기를 원해'라는 의미가 된다. Quiero un café(커피 한 잔을 원해), Quiero tomar un café(커피 한 잔 마시고 싶어) 둘 다 가능하다. 스페인어는 동사원형이 영어의 to 부정사 또는 동명사 역할을 한다.

Yo	quiero	
Tú	quieres	ver una película 영화 보고 싶어
Él / Ella / Usted	quiere	dar un paseo 산책하고 싶어
Nosotros	queremos	comer fuera 외식하고 싶어
Vosotros	queréis	
Ellos / Ellas / Ustedes	quieren	

¿Quieres ver una película? 영화 볼래?　¿Quieres dar un paseo? 산책 할래?
¿Quieres comer fuera? 외식 할래?

2 Yo también / Yo sí / Yo no / Yo tampoco로 의견 말하기

이 네 가지 간단한 표현으로 상대의 말에 자신의 의견을 가장 간단하게 말할 수 있다. Yo también은 영어의 me too(나도), 두 사람 다 긍정의 의견을, Yo sí는 상대는 부정, 나는 긍정의 의견을 말해야 한다. Yo tampoco는 영어의 me neither(나도 아니야), 두 사람 모두 부정의 의견을, Yo no는 상대가 긍정, 나는 부정의 대답을 하는 경우에 쓰인다.

Estudiante A	Estudiante B	
Yo quiero ver una película. 난 영화를 보고 싶어.	Yo también. 나도 (원해).	긍정 → 긍정
	Yo no. 난 아니야(원하지 않아).	긍정 → 부정
Yo no quiero ver una película. 난 영화를 보고 싶지 않아.	Yo tampoco. 나도 (원하지 않아).	부정 → 부정
	Yo sí. 난 원해.	부정 → 긍정

3 tener 동사로 상태 표현하기

상태 표현은 estar 동사를 주로 사용한다. '배고파', '졸려' 등의 특정 상태 표현을 위해서는 tener 동사를 사용해야 하는 경우가 있다. 이때 tener 다음에 '배고픔(hambre)', '졸음(sueño)', '갈증(sed)' 등의 명사가 와야함을 기억해야 한다.

Yo	tengo	hambre 배고파
Tú	tienes	sueño 졸려
Él / Ella / Usted	tiene	sed 목말라
Nosotros	tenemos	miedo 무서워
Vosotros	tenéis	calor 더워
Ellos / Ellas / Ustedes	tienen	frío 추워

¿Tienes hambre? 배고파?　　¿Tienes sueño? 졸려?

¿Tienes sed? 목말라?

Tengo calor(내 몸이 덥다), Tengo frío(내 몸이 춥다)와 같이 내가 느끼는 온도를 말하고, 객관적인 날씨를 말할 때는 Hace calor / Hace frío라고 한다.

4 mucho / mucha / muchos / muchas(많은)의 쓰임새

mucho, mucha 다음엔 셀 수 없는 명사가 muchos, muchas 다음엔 셀 수 있는 명사가 와야 한다.

mucho + 남성 단수명사	mucho sueño 많은 졸음
mucha + 여성 단수명사	mucha hambre 많은 배고픔
muchos + 남성 복수명사	muchos libros 많은 책들
muchas + 여성 복수명사	muchas casas 많은 집들

Tengo mucho dinero. 많은 돈을 갖고 있어.(돈이 많아)

Tengo mucha ropa. 많은 옷을 갖고 있어.(옷이 많아)

Tengo muchos amigos. 많은 친구들[남자]을 갖고 있어. (친구들[남자]이 많아)

Tengo muchas amigas. 많은 친구들[여자]을 갖고 있어.(친구들[여자]이 많아)

dinero(돈), ropa(옷)는 항상 단수로만 쓰이는 명사이다.

5 지시 형용사 este / esta / estos / estas(이, 이번)의 쓰임새

영어의 this, these와 동일하게 뒤에 명사가 와서 '이, 이번'을 의미하게 된다. este 다음엔 남성 명사가, esta 다음엔 여성명사가 온다. 다음과 같은 표현들은 회화에서 자주 반복되니 숙어로 외워두면 좋다.

este + 남성 단수명사	este mes 이번 달에
esta + 여성 단수명사	esta semana 이번주에
estos + 남성 복수명사	estos días 요즘에
estas + 여성 복수명사	estas vacaciones 이번 휴가에

Este fin de semana 이번 주말에
Este sábado 이번 토요일에
Este domingo 이번 일요일에
Esta Navidad 올 크리스마스에

⊕ vacaciones(휴가)는 항상 복수형 las vacaciones로 쓰이는 여성 명사이다.

Expresiones útiles

11-2

1 제안하기

¿Quieres ________?	________ 하고 싶어요?
salir esta noche	오늘 밤 나가고
ir a la discoteca	클럽에 가고
bailar conmigo	저와 춤추고
comer conmigo	저와 밥먹고

2 나의 상태 표현하기 (1)

Tengo ________	나는 (상태가) ________.
hambre	배고파
sueño	졸려
sed	목말라
calor	더워

3 나의 상태 표현하기 (2)

Tengo ________	(나의 상태가) ________.
prisa	급해
gripe	감기야
tos	기침 나
fiebre	열 나

Conversación

11-3

Diálogo 1

• 상황 – 친구가 배가 고파 중국 음식이 먹고 싶다고 말합니다.

A: ¿Tienes hambre? ¿Quieres comer?

B: Sí, tengo mucha hambre.

A: ¿Qué quieres comer?

B: Quiero comer comida china.

comida china 중국음식

A: 배고파? 먹을래?
B: 응, 배 많이 고파.
A: 뭐 먹을래?
B: 중국음식 먹고 싶어.

Diálogo 2

• 상황 – 식당에서 웨이터가 음식을 주문받는 상황

A: ¿Qué quiere tomar?

B: Quiero una cerveza.

A: ¿Quiere comer algo?

B: Yo quiero un salmorejo.

algo 무엇인가

salmorejo는 토마토, 빵, 올리브 오일을 첨가하여 만든 안달루시아 지방의 전통 요리이다.

A: 뭐 마시겠어요?
B: 맥주 한 잔을 원해요.
A: 뭐 먹기를 원하세요?
B: 살모레호 하나 원해요.

Repaso

① 다음 문장을 서로 연결해 보세요.

1 Tengo hambre.	• Quiero poner el aire.
2 Tengo sueño.	• Quiero beber el agua.
3 Tengo sed.	• Quiero ir al médico.
4 Tengo calor.	• Quiero poner la calefacción.
5 Tengo prisa.	• Quiero coger el taxi.
6 Tengo frío.	• Quiero dormir la siesta.
7 Tengo gripe.	• Quiero comer pizza.

aire(acondicionado) 에어컨

calefacción 히터, 난방기구

② 다음 문장을 읽고 Yo también, Yo sí, Yo no, Yo tampoco를 써 보세요.

1 Yo quiero vivir en España. - ______________

2 Yo no quiero trabajar en España. - ______________

3 Yo quiero tener hijos. - ______________

4 Yo no quiero tomar el sol. - ______________

5 Yo quiero encontrar un novio español. - ______________

6 Yo no quiero aprender el chino. - ______________

hijos 아들

tomar el sol 햇볕을 쬐다

encontrar 찾다, 만나다

③ mucho, mucha, muchos, muchas를 넣어 문장을 만들어 보세요.

1 Tengo ________ hambre.

2 Tengo ________ sueño.

3 Tengo ________ prisa.

4 Tengo ________ libros.

5 Tengo ________ gafas de sol.

6 Tengo ________ amigos españoles.

gafas 안경(항상 복수형으로 쓰이는 여성 명사)

LECCIÓN 12 취향

Me gusta estudiar español.

나는 스페인어를 공부하는 것을 좋아합니다.

Diálogo del día

12-1

Vocabulario del día

gente 사람들
amable 친절한
comida 음식
paella 파에야 (스페인식 해산물 볶음밥)
jamón 하몬 (스페인식 훈제햄)
playa 해변
bonit/a 아름다운
tomar el sol 햇볕쬐기

José: ¿Qué te gusta de España?

Ana: A mí me gusta la gente. Es muy amable.

José: ¿Te gusta la comida?

Ana: Sí, mucho. Me gusta la paella, el jamón...

José: ¿Qué más te gusta?

Ana: Me gustan las playas. Son muy bonitas.
Me gusta mucho tomar el sol.

José: A mí también.

호세: 넌 스페인에 대해 뭐가 좋아?

아나: 난 사람들이 좋아. 아주 친절하지.

호세: 음식은 좋아?

아나: 응, 많이. 파에야, 하몬도 좋고...

호세: 또 뭐가 좋아?

아나: 해변이 좋아. 아주 아름다워. 난 햇볕 쬐는 게 아주 좋아.

호세: 나도.

Gramática

1 gustar 동사의 원리

'나는 ~을 좋아해'라고 말하기 위해 gustar 동사를 잘 이해해야 한다. gustar동사는 다른 일반동사들과 다르게 주격 인칭대명사 yo, tú 등을 쓰지 않고 me(나에게), te(너에게), le(그에게) 등의 간접목적어와 함께 써야 한다. 간접목적어는 절대 생략할 수 없다.

Gustar
(누구에게) 즐거움을 주다

1. gusta, gustan 3인칭형만 주로 쓴다
2. 주격 인칭대명사를 쓰지 않는다. (누구)에게를 의미하는 간접목적격 대명사를 쓴다.
3. 명사 또는 동사원형이 올 수 있다.

Me gusta el fútbol. 난 축구를 좋아해. (Me gusta + 단수명사)

Me gustan los deportes. 난 운동을 좋아해. (Me gustan + 복수명사)

Me gusta jugar al fútbol. 난 축구하는 걸 좋아해. (Me gusta + 동사원형)

No me gusta el fútbol. 난 축구를 좋아하지 않아.

⊕ gustas, gusto가 쓰이는 경우는 다음과 같다.
Me gustas tú. 난 널 좋아해.
¿Te gusto yo? 넌 내가 좋아?

2 gustar 동사의 완전체

이번엔 모든 인칭 변화에 따른 gustar 동사의 완전체를 살펴보도록 보자. 주격 인칭 대명사 대신에 인칭대명사의 전치격을 강조 또는 주어를 구체화하기 위해 쓸 수 있다는 것도 함께 기억하자. 단, 이 전치격은 생략 가능하다.

(인칭대명사전치격) +	간접목적어
(A mí)	me
(A ti)	te
(A él/ella/usted)	le
(A nosotros)	nos
(A vosotros)	os
(A ellos/ellas/ustedes)	les

gusta → el deporte / la historia

gustan → los deportes / las ciencias

(A mí) me gustan los tacos. 나는 타코스를 좋아해.

(A José) le gusta bailar. 호세는 춤추는 걸 좋아해.

(A Rosa y a Ana) les gustan los idiomas. 로사와 아나는 언어를 좋아해.

3 A mí también / A mí no / A mí tampoco / A mí sí

상대의 취향에 자신의 의견을 간단하게 표현하는 방법을 배워 보자.
– 상대도 좋아하고 나도 좋아할 때는 A mí también. 나도 좋아.
– 상대는 좋아하고 난 싫어할 때는 A mí no. 난 좋아하지 않아.
– 상대는 싫어하고 난 좋아할 때는 A mí sí. 난 좋아.
– 상대도 싫어하고 나도 싫어할 때는 A mí tampoco. 나도 좋아하지 않아.

동의	부동의
Me gusta el deporte. 운동 좋아해 A mí también. 나도	Me gusta el deporte. 운동 좋아해 A mí no. 난 좋아하지 않아
No me gusta el deporte. 운동 안 좋아해 A mí tampoco. 나도	No me gusta el deporte. A mí sí. 난 좋아해

4 좋아하는 정도 표현

좋아하는 정도를 최상위 표현부터 단계별로 하나씩 암기해 두면 좋다.
Me encanta는 영어의 I love it처럼 뭔가를 굉장히 많이 좋아할 때 쓸 수 있다.

Me encanta/n. 엄청 많이 좋아해.	Me gusta/n mucho. 많이 좋아해.
Me gusta/n bastante. 꽤 좋아해.	Me gusta/n. 좋아해.
No me gusta/n. 안 좋아해.	No me gusta nada/n. 전혀 좋아하지 않아.

A mí me encanta la comida española. 나는 스페인 음식을 굉장히 많이 좋아해.
A mí me gusta mucho cocinar. 나는 요리를 아주 좋아해.
A mí no me gusta nada beber. 나는 술 마시는 걸 전혀 좋아하지 않아.

Expresiones útiles

12-2

1 좋아하는 것 표현하기

Me gusta ______	나는 ______를 좋아해.
cocinar	요리하기
viajar	여행하기
conocer la gente	사람 만나기
salir de noche	밤에 나가 놀기

2 싫어하는 것 표현하기

No me gusta ______	나는 ______를 좋아하지 않아
beber alcohol	술마시기
escuchar música	음악듣기
escribir	쓰기
leer	읽기

3 상대의 취향 물어보기

¿Te gusta ______?	너는 ______를 좋아하니?
bailar	춤추기
ver películas	영화보기
subir a la montaña	등산하기
tomar el sol	햇볕쬐기

Conversación

12-3

Diálogo 1

• 상황 - 새로 온 동료가 맘에 드는지 물어보는 상황

A: ¿A ti te gusta el nuevo compañero Álex?

B: A mí sí. Me encanta el chico. Es muy guapo.

A: A mí también. Álex es muy simpático.

B: Además es muy inteligente.

A: 넌 새로운 동료 알렉스 좋아?
B: 난 좋아. 그 남자 엄청 좋아. 아주 잘생겼잖아.
A: 나도 그래. 알렉스는 아주 상냥해.
B: 게다가 아주 똑똑해.

Diálogo 2

• 상황 - 남자 친구에게 자신을 좋아하는지 물어봅니다

A: ¿A ti te gusto?

B: Sí, me gustas mucho.

A: ¿Por qué te gusto?

B: Porque eres muy guapa.

por qué 왜
porque 왜냐하면

A: 너 나 좋아해?
B: 응. 많이 좋아해.
A: 왜 내가 좋아?
B: 왜냐하면 아주 예쁘니깐

Repaso

1 다음 과목의 선호도를 Me gusta/n, No me gust/n을 써서 말해 보세요.

1 ______________ el español.
2 ______________ las matemáticas.
3 ______________ el deporte.
4 ______________ las ciencias.
5 ______________ la geografía.
6 ______________ la literatura.

matemáticas 수학
ciencias 과학
geografía 지리
literatura 문학

2 Me encanta, Me gusta mucho, Me gusta bastante, No me gusta, No me gusta nada로 말해 보세요.

1 ______________ el pescado.
2 ______________ la gramática española.
3 ______________ los niños.
4 ______________ la cerveza.
5 ______________ las tareas de casa.
6 ______________ los perros.

gramática 문법
tarea de casa 집안일

animal 동물
vestir bien 옷을 잘 입다
fiesta 파티
viajar 여행하다

3 A mí también, A mí sí, A mí no, A mí tampoco를 써서 각자 의견을 말해 보세요.

1 A mí no me gustan los animales.

2 A mí me gustan las fiestas.

3 A mí me gusta vestir bien.

4 A mí no me gusta hablar mucho.

5 A mí no me gusta viajar solo.

LECCIÓN 13 일상생활

Yo me levanto temprano

나는 일찍 일어납니다.

Diálogo del día

13-1

José: ¿A qué hora te levantas?

Ana: Me levanto a las ocho.

José: ¿Qué haces primero después de levantarte?

Ana: Me ducho rápido, me maquillo y me pongo ropa.

José: ¿Desayunas en casa?

Ana: Sí, desayuno una tostada y café con leche.

호세: 몇 시에 일어나?

아나: 8시에 일어나.

호세: 일어나서 먼저 뭐 해?

아나: 샤워 빨리하고 화장하고 옷 입어.

호세: 집에서 아침 먹어?

아나: 응, 카페라테와 토스트를 먹어.

Vocabulario del día

levantarse 일어나다

primero 처음에, 먼저

después de ~한 후에

ducharse 샤워하다

rápido 빨리

maquillarse 화장하다

ponerse 입다, 쓰다, 신다

ropa 옷

desayunar 아침 먹다

solo 단지

tostada 토스트

café con leche 카페라테

Gramática

1 재귀대명사 Se와 재귀동사의 개념

스페인어 공부에 아주 중요한 부분은 바로 재귀대명사의 개념을 잘 이해하는 것이다. 영어에서 '들다'는 lift, '일어나다'는 get up처럼 서로 다른 동사가 각각 쓰이는 반면, 스페인어는 se를 붙여서 새로운 의미의 동사를 만들어 낼 수 있다. se는 '자기 자신'을 의미한다. se를 붙여서 쓰는 동사를 재귀동사라고 부른다. 다음과 같은 동사는 재귀동사로 훨씬 더 많이 쓰이기 때문에 재귀동사의 형태로 외워두는 게 좋다.

levantar 들다 + se 자기 자신을 = levantarse 자기 자신을 들다 → 일어나다

acostar 눕히다 + se = acostarse 눕다

duchar 샤워시키다 + se = ducharse 샤워하다

lavar 씻다 + se = lavarse (자기자신을) 씻다

maquillar 화장시키다 + se = maquillarse 화장하다

poner 입히다 + se = ponerse 입다, 쓰다, 신다

2 재귀대명사의 형태와 재귀동사 변화

① 재귀대명사 형태

재귀대명사 se는 주어에 따라 여섯 가지 형태로 변화한다. 3인칭 단수(se)와 복수형(se)은 동일하다. 각각의 인칭에 따른 재귀대명사는 반드시 암기해 두자.

Yo	→	me	나 자신을
Tú	→	te	너 자신을
Él / Ella / Usted	→	se	그, 그녀, 당신 자신을
Nosotros	→	nos	우리 자신을
Vosotros	→	os	너희 자신을
Ellos / Ellas / Ustedes	→	se	그들, 그녀들, 당신들 자신을

② 재귀동사 변화

재귀대명사는 반드시 동사 앞에 위치해야 한다.

인칭대명사	levanatarse 일어나다	acostarse 잠자리에 들다	ducharse 샤워하다
Yo	me levanto	me acuesto	me ducho
Tú	te levantas	te acuestas	te duchas
Él / Ella / Usted	se levanta	se acuesta	se ducha
Nosotros	nos levantamos	nos acostamos	nos duchamos
Vosotros	os levantáis	os acostáis	os ducháis
Ellos / Ellas / Ustedes	se levantan	se acuestan	se duchan

인칭대명사	lavarse 씻다	maquillarse 화장하다	ponerse 입다, 신다, 걸치다
Yo	me lavo	me maquillo	me pongo
Tú	te lavas	te maquillas	te pones
Él / Ella / Usted	se lava	se maquilla	se pone
Nosotros	nos lavamos	nos maquillamos	nos ponemos
Vosotros	os laváis	os maquilláis	os ponéis
Ellos / Ellas / Ustedes	se lavan	se maquillan	se ponen

Yo me levanto temprano. 나는 일찍 일어나.

Tú te acuestas tarde. 너는 늦게 일어나.(늦잠 자)

Sara se ducha rápido. 사라는 빨리 샤워해.

Nosotros nos lavamos las manos antes de comer. 우리는 밥 먹기 전에 손을 씻는다.

Hoy no me maquillo. 오늘은 화장 안 해.

Lola se pone el abrigo. 롤라는 코트를 입어.

◎ bañarse(목욕하다), despertarse(잠에서 깨다), afeitarse(면도하다), vestirse(옷을 입다) 등의 재귀동사도 함께 기억해두자.

3 빈도부사

(la) vez는 '번'을 의미. 복수형 veces

Una vez 한 번	→	al día 하루에
Dos veces 두 번		a la semana 일주일에
Tres veces 세 번		al mes 한 달에
Una o dos veces 한두 번		al año 1년에
Dos o tres veces 두세 번		

Me ducho una vez al día. 나는 하루에 한 번 샤워해.
Me pinto las uñas una vez a la semana. 나는 일주일에 한 번 네일을 해.
Me pongo el sombrero una o dos veces al mes. 나는 한 달에 한두 번 모자를 써.

una vez cada quince días 15일에 한 번
una vez cada dos meses 두 달에 한 번

4 재귀대명사의 위치

재귀대명사는 동사원형 바로 뒤에 붙여서 쓸 수 있다.

levantarse (자기 자신이) 일어나기	→	levantarme 내가 일어나기
ducharse (자기 자신이) 샤워하기	→	ducharme 내가 샤워하기
ponerse (자기자신이) 입기, 쓰기	→	ponerme 내가 입기, 쓰기
lavarse (자기 자신이) 씻기	→	lavarme 내가 씻기
maquillarse (자기 자신이) 화장하기	→	maquillarme 내가 화장하기
acostarse (자기 자신이) 잠자리에 들기	→	acostarme 내가 잠자리에 들기

Me gusta levantarme temprano. 나는 일찍 일어나는 것을 좋아해.
¿Te gusta ponerte falda? 너는 치마 입는 게 좋아?
A Sara le gusta maquillarse. 사라는 화장하는 걸 좋아해.

Expresiones útiles

13-2

1 lavarse 동사 연습

Me lavo ______	나는 ______ 을 씻어.
las manos	손
la cara	얼굴
el pelo	머리카락
los pies	발

2 ponerse 동사 연습

Me pongo ______	나는 ______ 을 입어/신어/써.
la chaqueta	재킷
el sombrero	모자
las gafas	안경
los zapatos	신발

3 좋아하는 취향 말하기

Me gusta ______	나는 ______ 하는 걸 좋아해.
ponerme perfume	향수 뿌리기
maquillarme	화장하기
pintarme las uñas	네일하기
ponerme sombrero	모자쓰기

Conversación

13-3

Diálogo 1

• 상황 – 화장과 네일아트를 좋아하는지 물어봅니다

A: ¿Te maquillas todos los días?

B: Sí, pero no me gusta maquillarme.

A: ¿Te pintas las uñas?

B: Sí, de vez en cuando. Me gusta pintarme las uñas.

de vez en cuando
가끔, 종종

A: 너 매일 화장해?

B: 응, 그런데 화장하는 거 안 좋아해.

A: 네일아트하니?

B: 그래, 가끔. 네일아트하는 건 좋아해.

Diálogo 2

• 상황 – 자기 전에 하는 일에 대해 말합니다

A: ¿Qué haces antes de acostarte?

B: Me ducho, me tomo un té y me acuesto.

A: ¿Te acuestas temprano?

B: Sí, me gusta acostarme temprano.

antes de ~하기 전에

tomarse 마시다

A: 자기전에 뭐 하니?

B: 샤워하고, 차 한 잔하고 자.

A: 일찍 자?

B: 응, 일찍 자는 거 좋아해.

Repaso

1 재귀대명사와 동사를 연결해 보세요.

1 Nos	• acostamos a la una
2 Me	• ponen perfume
3 Te	• levanta a las ocho
4 Rosa se	• maquillo
5 Os	• duchas en diez minutos
6 Paco y Lola se	• laváis las manos

2 빈도부사를 써서 다음 문장을 완성해 보세요.

1 Me ducho ________________

2 Me lavo el pelo ________________

3 Me lavo los dientes ________________

4 Me pongo las gafas de sol ________________

5 Me pongo el perfume ________________

6 Me pongo el protector solar ________________

lavarse los dientes 이 닦다

protector solar 선크림

③ 다음 질문에 Me gusta, No me gusta로 의견을 표현해 보세요.

1 ¿Te gusta maquillarte? ____________

2 ¿Te gusta ponerte sombrero? ____________

3 ¿Te gusta levantarte temprano? ____________

4 ¿Te gusta ducharte? ____________

5 ¿Te gusta ponerte deportivas? ____________

6 ¿Te gusta vestirte bien? ____________

deportivas 운동화

vestirse bien 옷을 잘 입다

④ 다음 텍스트는 Míriam의 하루 일과입니다. 스페인어로 답해 보세요.

Todos los días me levanto a las ocho y cuarto de la mañana.
Me lavo, me visto, me maquillo y tomo el desayuno.
Salgo de casa a las nueve. Voy al gimnasio y hago aeróbic.
A la una como en casa. Empiezo las clases a las seis y veinte.
Termino las clases a las nueve y cuarenta. A las diez y media vuelvo a casa.
Me ducho y tomo un vaso de leche. Veo un poco la tele y me acuesto a las doce de la noche.

1 ¿A qué hora se levanta Míriam? - ____________

2 ¿Qué hace después de levantarse? - ____________

3 ¿A qué hora come? - ____________

4 ¿A qué hora empieza las clases? - ____________

5 ¿A qué hora se acuesta? - ____________

LECCIÓN 14 근황·행동 묘사

Estoy tomando un curso de francés.

프랑스어 강의를 듣고 있습니다

Diálogo del día

14-1

José: ¡Cuánto tiempo, Ana! ¿Qué estás haciendo estos días?

Ana: Ahora estoy tomando un curso de francés.

José: ¡Qué interesante! ¿Llevas mucho tiempo estudiando francés?

Ana: Sí, ya llevo tres meses.

José: ¿Estás divirtiéndote mucho?

Ana: Sí, bastante. ¿Y tú estás trabajando en el mismo banco?

José: Pues sí, estoy trabajando muchísimo.

Ana: ¡Qué pobre!

호세: 정말 오랜만이야! 요즘 뭐 하고 있어?

아나: 지금 프랑스어 강의 듣고 있어.

호세: 우와 재미있겠다! 프랑스어 공부한 지 오래 되었어?

아나: 응, 벌써 3개월째야.

호세: 재미있게 하고 있지?

아나: 응, 충분히. 넌 같은 은행에서 일하고 있어?

호세: 음 그래, 일 엄청 많이 하고 있어.

아나: 아이 가여워라!

Vocabulario del día

cuánto 얼마나 많은

tiempo 시간

estos días 요즘

interesante 재미있는, 흥미로운

divertirse 즐기다

mismo 같은

banco 은행

muchísimo 아주 많이

pobre 불쌍한, 가여운

Gramática

1 현재분사

'~을 하고 있는'을 뜻하는 진행형을 만들 때 필요한 문법 형태이다. ar 동사는 –ando, er와 ir동사는 -iendo로만 바꿔주면 된다.

현재분사 규칙형

ar - ando	er, ir - iendo
estudiar → estudiando 공부하고 있는	comer → comiendo 먹고 있는
cocinar → cocinando 요리하고 있는	beber → bebiendo 마시고 있는
viajar → viajando 여행하고 있는	salir → saliendo 나가고 있는
trabajar → trabajando 일하고 있는	escribir → escribiendo 쓰고 있는
llamar → llamando 전화하고 있는	vivir → viviendo 살고 있는

현재분사 불규칙형

e- i로 바뀌는 형태	o-u 또는 y로 바뀌는 형태
pedir → pidiendo 주문하고 있는	dormir → durmiendo 자고 있는
servir → sirviendo 서빙하고 있는	morir → muriendo 죽어 가고 있는
vestir → vistiendo 옷을 입고 있는	leer → leyendo 읽고 있는
reír → riendo 웃고 있는	oír → oyedno 듣고 있는
divertir → divirtiendo 즐기고 있는	huír → huyendo 도망 가고 있는

2 현재진행형

진행형을 만들기 위해서는 상태 be 동사인 estar 동사가 필요하다. 현재분사는 인칭 변화나 성, 수 변화가 없다. estar 동사만 인칭변화 시켜 주면 된다.

인칭대명사	estar	+ ar -ando/ er, ir -iendo
Yo	estoy	
Tú	estás	escuchando 듣고 있는
Él / Ella / Usted	está	estudiando 공부하고 있는
Nosotros	estamos	comiendo 먹고 있는
Vosotros	estáis	escribiendo 쓰고 있는
Ellos / Ellas	están	

Yo estoy escuchando música. 나 음악을 듣고 있어.

¿Estás estudiando español? 너 스페인어 공부하고 있니?

Raúl está comiendo. 라울은 밥먹고 있어.

3 재귀대명사의 위치(me / te / se / nos / os / se)

재귀대명사는 estar 동사 앞에 위치할 수 있고, 현재분사 바로 뒤에 붙여서도 쓸 수 있다. 의미적 차이는 없으며 둘 다 많이 사용한다.

(Me)	Estoy	duchándome	ducharse 샤워하다
		bañándome	bañarse 목욕하다
		afeitándome	afeitarse 면도하다
		lavándome	lavarse 씻다
		riéndome	reírse 웃다
		secándome	secarse 말리다
		vistiéndome	vestirse 옷을 말리다

*재귀대명사는 현재분사 바로 뒤에 위치할 수 있다.

Estoy duchándome = Me estoy duchándo. 나 샤워 중이야.

¿Estás duchándote? = ¿Te estás duchándo? 너 샤워하고 있어?

Rosa está duchándose = Rosa se está duchando. 로사는 샤워 중이야.

⊕ 재귀대명사가 현재분사 뒤에 붙는 경우에는 원래 동사의 강세를 유지하기 위해 강세를 꼭 찍어준다.

4 llevar + 현재분사: ~한 지 얼마 되었어

llevar 동사 뒤에 현재분사가 와서 '~한지 얼마 되었어'라는 회화 표현을 말할 수 있다. llevar 다음에 시간을 써 주면 된다.

Llevo	un año	viviendo en Madrid. 마드리드에 산 지 1년 되었어.
	cinco meses	estudiando español. 스페인어 공부한 지 5개월 되었어.
	una semana	bailando. 춤춘 지 1주일 되었어.
	dos días	aprendiendo chino. 중국어 공부한 지 이틀 되었어.
	diez años	fumando. 담배 피운 지 10년 되었어.

Expresiones útiles

14-2

1 요즘 근황 말하기

Estoy ______	나는 ______ 하고 있어.
bailando flamenco	플라멩코 추고
tomando la clase de español	스페인어 수업 듣고
aprendiendo la cocina	요리 배우고
haciendo la práctica	인턴 하고

2 제3자의 행동 묘사하기

Está ______	(누구)는 ______ 하고 있어
esperando el autobús	버스를 기다리고
abriendo la ventana	창문을 열고
saliendo de casa	집에서 나가고
corriendo en el río	강에서 달리고

3 진행형 중요 패턴

¿Cuánto tiempo llevas ______?	______ 한지 얼마나 되었어?
estudiando?	공부한지
trabajando?	일한지
bailando?	춤춘지
cantando?	노래한지

Conversación

14-3

Diálogo 1

• 상황 – 날씨를 묻는 상황입니다

A: ¿Qué tiempo está haciendo en tu país?

B: Está haciendo mucho calor. ¿Y en Corea?

A: Está lloviendo muchísimo.

B: ¡Qué diferencia!

A: 너희 나라 날씨는 어때?

B: 많이 더워. 한국은?

A: 비가 엄청 많이 오고 있어.

B: 완전 다르다!

país 나라

diferencia 차이, 다름

Diálogo 2

• 상황 – 스페인어 공부한 지 1년이 넘었다고 말합니다

A: ¿Llevas mucho tiempo aquí en Madrid?

B: Llevo tres meses.

A: ¿Cuánto tiempo llevas estudiando español?

B: Llevo más de un año.

A: 여기 마드리드에 온 지 오래 되었어요?

B: 3개월 되었어요.

A: 스페인어 공부한지는 얼마나 되었어요?

B: 1년 이상 되었어요.

cuánto 얼마나 많이

tiempo 시간

más de ~이상

Repaso

1 다음 진행 중인 동작을 스페인어로 써 보세요.

1 노래하는 중 ____________________

2 춤추는 중 ____________________

3 밥 먹는 중 ____________________

4 음악 듣는 중 ____________________

5 자는 중 ____________________

6 공부 중 ____________________

7 청소 중 ____________________

8 샤워 중 ____________________

2 적절한 분사를 넣어 현재진행형 문장을 만들어 보세요.

1 No puedo coger el teléfono.
__________ __________ (ducharse)

2 Los niños __________ __________ al perro. (bañar)

3 ¡Pobre animal!
El pajarito __________ __________ (morir)

4 Un momento, __________ __________ (vestirse)

5 Shh, la niña __________ __________ (dormir)

6 Espera, __________ __________ los dientes. (lavarse)

pajarito 참새

esperar 기다리다

③ 다음 질문에 스페인어로 대답해 보세요.

1 ¿Cuánto tiempo llevas estudiando español?

- Llevo ______________________

2 ¿Cuánto tiempo llevas viviendo en Seúl?

- Llevo ______________________

3 ¿Cuánto tiempo llevas trabajando?

- Llevo ______________________

4 ¿Cuánto tiempo llevas fumando?

- Llevo ______________________

LECCIÓN 15

부탁·주문

¿Me das un pan?

빵 하나 주실래요?

Diálogo del día

15-1

Vocabulario del día

pan 바게트 빵

mollete 둥근 모양의 말랑말랑한 빵

cobrar 돈을 받다

euro 유로

recibo 영수증

claro 물론

esperar 기다리다

cambio 잔돈

José: Buenos días. ¿Qué quieres?

Ana: Buenos días ¿Me das un pan?

José: ¿Algo más?

Ana: ¿También me das dos molletes?

José: Ahora se los doy.

Ana: ¿Me cobras?

José: Sí, son 4 euros con 80.

Ana: Aquí tienes. ¿Me das el recibo?

José: Claro. Espera, le doy el cambio.

호세: 안녕하세요. 무엇을 원하세요?

아나: 안녕하세요. 바게트 빵 하나 주실래요?

호세: 또 다른 것은요?

아나: 모예테 롤 빵 2개 주실래요?

호세: 지금 드릴게요.

아나: 돈 받으실래요?

호세: 4유로 80센트입니다.

아나: 여기 있어요. 영수증 주실래요?

호세: 물론이죠. 잠시만요, 잔돈 드릴게요.

Gramática

1 직접목적어(사물)

앞서 나온 명사의 반복을 피하고 간단하게 말할 때는 직접목적어를 써야 한다. 사물을 목적어로 받을 때는 lo, la, los, las를 동사 앞에 쓰면 된다. 직접목적어를 쓸 경우 명사를 중복하여 사용할 수 없다.

사물 →

남성 단수: lo	그것을	el libro
여성 단수: la	그것을	la casa
남성 복수: los	그것들을	los libros
여성 복수: las	그것들을	las casas

¿Tú comes el chocholate? 너 초콜릿 먹니? Sí, lo como. 응, 먹어.

¿Tú comes la carne? 너 고기 먹니? Sí, la como. 응, 먹어.

¿Tú comes los huevos? 너 달걀 먹니? Sí, los como. 응, 먹어.

¿Tú comes las patatas? 너 감자 먹니? Sí, las como. 응, 먹어.

Lo como el chocolate.(잘못된 표현)

2 직접목적어(사람)

사람을 받는 직접목적어는 다음과 같이 다양하게 변화한다. 마찬가지로 동사 앞에 위치해야 한다. 동사 뒤에 사람이 나올 때는 전치사 a(~을/를)을 반드시 써야 한다.

a + 사람 : ~를, 을

단수		복수	
나를	me	우리를	nos
너를	te	너희를	os
그를	lo	그들을	los
그녀를	la	그녀들을	las
당신을	le	당신들을	les

사람 →

남성 단수: lo	그를	a José
여성 단수: la	그녀를	a María
남성 복수: los	그들을	a José y María
여성 복수: las	그녀들을	a Rosa y Ana

¿Tú ves a José? 너 호세 보니? Sí, lo veo. 응, 봐

¿Tú ves a Ana? 너 아나 봐?	Sí, la veo. 응, 봐
¿Tú ves a José yAna? 너 호세와 아나를 봐?	Sí, los veo. 응, 봐
¿Tú ves a Ana y Rosa? 너 아나와 로사를 봐?	Sí, las veo. 응, 봐

3 간접목적어(~에게)

간접목적어는 생략하고 쓰게 되면 의사소통에 문제가 생길 수도 있으니 꼭 언제 어떻게 사용하는지 기억하고 가야 한다. dar(~에게 주다), enviar(~에게 보내다), prestar(~에게 빌려주다), pasar(~에게 건네주다) 등의 특정 동사는 주로 간접목적어와 동반해서 써 주면 좋다.

~에게 →

나에게	me
너에게	te
그에게, 그녀에게, 당신에게	le
우리에게	nos
너희에게	os
그들에게, 그녀들에게, 당신들에게	les

4 dar(~에게 주다) 동사 변화

dar 동사는 간접목적어와 같이 쓰는 대표 동사로 다음과 같이 동사변화한다. 상점 등에서 물건 살 때 점원에게 '~줄래요?'라로 말할 때 많이 쓰인다. 간접목적어 역시 반드시 동사 앞에 위치해야 한다.

Yo		doy	
Tú		das	
Él / Ella / Usted	le	da	el libro (a Ana)
Nosotros		damos	
Vosotros		dais	
Ellos / Ellas / Ustedes		dan	

(Yo) le doy el dinero a José. 나는 호세에게 돈을 준다.

¿(Tú) le das el dinero a José? 너는 호세에게 돈을 주니?

¿(Tú) me das el dinero? 너 나한테 돈 줄래?

¿(Usted) me da el billete? 티켓 주실래요?

5 [간접목적어 + 직접목적어]가 함께 올 때

상대방의 요구에 대답할 때 간접 목적어와 직접 목적어를 함께 쓰는 경우가 많다. 이때 [간접목적어 + 직접목적어 + 동사]의 어순을 지켜야 한다. 친구 사이에 뭔가를 달라고 말해보고, 긍정의 대답을 다음과 같이 할 수 있다.

① Tú 친구 사이

너 나한테 새 책 줄래?	→	¿(Tú) me das el libro nuevo?
응, 새 책 줄게	→	Sí, te doy el libro nuevo.
응, 줄게	→	Sí, te lo doy.

② Usted 포멀한 상황

만약, 포멀한 상황에서 '당신에게 드릴게요'라고 말하려면, le를 se로 바꿔서 말해야 한다. Le lo doy에서와 같이 3인칭끼리 겹칠 때는 간접 목적어 le를 se로 바꿔줘야 한다.

저한테 여권 주실래요?	→	¿Usted me da el pasaporte?
네, 여권 드릴게요.	→	Sí, le doy el pasaporte.
네, 드릴게요.	→	Sí, le lo doy. (×)
네, 드릴게요.	→	Sí, se lo doy. (○)

Expresiones útiles

15-2

1 친구사이에서 뭔가를 달라고 부탁할 때

¿Me das ______________?	¿나에게 ______________ 줄래?
el dinero	돈을
tu número de teléfono	네 전화번호를
el mapa	지도를
la flor	꽃을

2 공항, 가게 등 포멀한 상황에서

¿Me da ______________?	¿나에게 ______________ 줄래요?
el chicle	껌을
el tabaco	담배를
el pasaporte	여권을
el cambio	잔돈을

3 뭔가를 갖다 달라고 부탁할 때

¿Me trae un/una ______________?	¿나에게 ______________ 갖다 줄래요?
una botella de vino	와인 한 병
un vaso de agua	물 한 잔
un cuchillo	나이프 한 개
un tenedor	포크 한 개

Conversación

15-3

Diálogo 1

• 상황 – 친구한테 담배 한 개피를 요구하는 상황

A: ¿Me das un cigarro, por favor?

B: Sí. Ahora te lo doy.

A: ¿Me das el fuego?

B: Sí, toma.

A: 담배 한 대 줄래?

B: 그래. 지금 줄게.

A: 불도 줄래?

B: 그래. 받아.

cigarro 담배 한 개피

fuego 불

tomar 받다

Diálogo 2

• 상황 – 가게에서 주문하는 상황

A: ¿Me da un chicle, por favor?

B: Sí. Aquí lo tiene. ¿Algo más?

A: ¿Me da un tabaco?

B: Sí, ahora se lo doy.

A: 껌 한 개 주실래요?

B: 네, 여기 있습니다. 뭐 다른 것은요?

A: 담배 하나 주실래요?

B: 네, 지금 드릴게요.

chicle 껌

tabaco 담배

Repaso

cámara digital 디지털 카메라

canción 노래
patata 감자
sombrero 모자

prima 사촌 언니, 사촌 여동생
hermana 언니, 여동생, 누나

1 목적격 대명사 lo, la, los, las를 써서 긍정으로 말해 보세요.

1 ¿Quieres el libro nuevo? - ______.
2 ¿Quieres la cámara digital? - ______.
3 ¿Quieres el café? - ______.
4 ¿Quieres los zapatos grises? - ______.
5 ¿Quieres las gafas de sol? - ______.

2 서로 연결해 보세요.

1 Los libros	•	a La quiero escuchar.
2 La canción	•	b Lo quiero ponerme.
3 Las patatas	•	c Las compro.
4 El sombrero	•	d Los quiero leer.

3 목적격 대명사 lo, la, los, las를 써서 긍정으로 말해 보세요.

1 ¿Ves a tu novia Inma esta noche?
-Sí, ______.

2 ¿Ves a tu novio Manu hoy?
-Sí, ______.

3 ¿Ves a tu prima Rosa esta tarde?
-Sí, ______.

4 ¿Ves a tus padres mañana?
-Sí, ______.

5 ¿Ves a tus hermanas hoy?
-Sí, ______.

4 직접목적어와 간접목적어를 써서 긍정으로 말해 보세요.

1 ¿Me das el bolígrafo? – Sí, ______________.
2 ¿Me das la guía? – Sí, ______________.
3 ¿Me das el mapa? – Sí, ______________.
4 ¿Me das los pantalones negros? – Sí, ______________.
5 ¿Me das las gafas marrones? – Sí, ______________.
6 ¿Me das el número de teléfono? – Sí, ______________.

guía 가이드 북

pantalones 바지

número de teléfono 전화번호

LECCIÓN 16

비교·칭찬

El avión es más rápido que el barco.

비행기가 배보다 더 빠르다

Diálogo del día

16-1

Vocabulario del día

avión 비행기
barco 배
romántico 낭만적인
lento 느린
jubilado 퇴직한
en pocas horas 적은 시간에, 빨리
necesitar 필요하다
destino 목적지

Ana: ¿Cuál te gusta más, viajar en avión o viajar en barco?
José: Me gusta más viajar en barco. Es más romántico.
Ana: Pero el barco es más lento que el avión.
José: Claro. Pero ahora estoy jubilado y no necesito llegar en pocas horas al destino.
Ana: Yo prefiero viajar en avión. Es más rápido y es menos cansado.

아나: 비행기 여행과 배로 하는 여행 중에 뭐가 더 좋아?
호세: 배로 여행하는 게 더 좋아. 더 낭만적이야.
아나: 그런데 배는 비행기 보다 더 느려.
호세: 물론. 그런데 난 지금 퇴직해서 빨리 목적지에 도착할 필요가 없어.
아나: 난 비행기로 여행하는 걸 선호해. 더 빠르고 덜 피곤해.

Gramática

1 비교급 (형용사 비교)

비교급 규칙형을 만들기 위해서는 más(더 ~한), menos(덜 ~한)을 기억해 두면 된다. 뒤에 오는 형용사는 주어의 성과 수에 반드시 일치시켜야 한다. que 다음에 비교의 대상이 와서 '~보다'라는 뜻이 된다.

더 ~한 → más
덜 ~한 → menos
\+ 형용사

José es más inteligente que Paco. 호세는 빠꼬보다 더 똑똑해.

Rosa es más guapa que su hermana. 로사는 그녀의 동생보다 더 예뻐.

Mi hermana es más alta que yo. 내 동생은 나보다 키가 커.

비교급 불규칙형		
bueno 좋은	→	mejor 더 좋은
malo 나쁜	→	peor 더 나쁜
grande (나이)	→	mayor 나이가 더 많은
grande (크기)	→	mayor / más grande (더 큰)
pequeño (나이)	→	menor 나이가 더 적은
pequeño (크기)	→	menor / más pequeno (더 작은)

Mi bicicleta es mejor que tu bicicleta. 내 자전거가 네 자전거 보다 더 좋아.

Yo soy peor en matemáticas que Pablo. 난 파블로보다 수학을 더 못해.

David es mejor en deportes que Roberto. 다비드는 로베르토보다 운동을 더 잘 해.

Isabel es mayor que Lola. 이사벨은 롤라보다 나이가 많아.

Brasil es mayor que México. 브라질은 멕시코보다 더 커.

⊕ 또는 Brasil es más grande que México.라고 말해도 된다.

2 비교급 (명사비교)

más와 menos 뒤에 명사가 오게 되면 각각 '더 많은', '더 적은'을 의미한다. 이때 셀 수 있는 명사는 복수형으로 셀 수 없는 명사는 단수가 와야 한다.

더 많은	→	más	+ 명사
더 적은	→	menos	

José tiene más hermanos que Paco. 호세는 빠꼬보다 형제가 더 많아.

Yo tengo más amigas que tú. 난 너보다 여자 친구가 더 많아.

Rosa tiene más dinero que Ana. 로사가 아나보다 돈이 더 많아.

Yo tengo más ropa que Rosa. 나는 로사보다 옷이 더 많아.

ropa는 항상 단수형

3 상대 최상급

(학교, 가족, 친구들 중에) '가장, 제일 ~한'을 의미하는 상대 최상급을 만들어보자. 상대 최상급은 다음과 같은 어순으로 비교급 앞에 정관사만 써 주면 된다. 이때 명사와 그룹은 생략 가능하지만 정관사는 생략할 수 없다.

정관사 + (명사) + 비교급 + (그룹)

Lucas es el (chico) más inteligente de clase. 루카스는 수업에서 가장 똑똑한 남자이다.

Inma es la (chica) más alta de su familia. 인마는 가족 중 가장 키가 큰 여자이다.

Hyun Bin es el actor más guapo de Corea. 현빈은 한국에서 가장 잘생긴 배우이다.

BTS es el mejor group de K-pop del mundo. BTS는 세상에서 최고의 K-pop 그룹이다.

mejor, peor는 반드시 명사 앞에 위치해야 한다.
Es el peor. 최악이야.

4 절대 최상급

스페인어에는 '정말 ~해, 진짜 ~하다'라고 최상급의 표현이 존재한다. 이런 최상급은 '정말 맛있어', '진짜 예쁘다'처럼 음식의 맛 또는 예쁜 여인을 칭찬할 때 쓰일 수 있다. 주어의 성과 수에 따라 형용사 뒤에 -ísimo, -ísima -ísimos -ísimas를 써주면 된다.

Es muy guapo. 아주 잘 생겼다	→	Es guapísimo. 정말 잘 생겼다
Es muy guapa. 아주 예쁘다		Es guapísima. 진짜 예쁘다
Son muy guapos. 아주 잘 생겼다		Son guapísimos. 정말 잘 생겼다
Son muy guapas. 아주 예쁘다		Son guapísimas. 진짜 예쁘다

El café está riquísimo.(= bonísimo) 커피가 정말 맛있어요.

La paella está riquísima. (= bonísima) 파에야 정말 맛있어요.

Los tacos están riquísimos. (= bonísimos) 타코스가 정말 맛있어요.

Las patatas están riquísimas. (= bonísimas) 감자가 진짜 맛있어요.

음식의 맛을 얘기할 때는 ser가 아닌 estar동사를 써야 한다. 맛은 상태를 의미하고 상황에 따라 변할 수 있다. riquísmo는 rico(맛있는)의 최상급 불규칙 형태. larguísimo(정말 긴), jovencísimo(정말 젊은) 등이 있다.

Expresiones útiles

16-2

1 내가 더 ~해

Yo soy más ________ 내가 더 ________ 해.

tímido	소심한
cariñoso	다정한
serio	진지한
alegre	쾌활한

2 ~하는 게 더 좋아 : Es mejor + 동사원형

Es mejor ________ ________ 더 좋아요.

vivir en España	스페인에 사는 게
aprender español	스페인어 배우는 게
no fumar	담배 안 피우는 게
vivir solo	혼자 사는 게

3 내가 제일 ~해

Yo soy el/la más ________ 내가 제일 ________ 해.

deportista	운동을 잘 하는
trabajador/a	부지런한
inteligente	똑똑한
bajo/a	키가 작은

Conversación

16-3

Diálogo 1

• 상황 – 한국보다는 스페인에 사는 게 더 좋다고 말합니다

A: ¿Cuál es mejor, vivir en Corea o vivir en España?

B: Para mí es mejor vivir en España. ¿Y tú?

A: Yo pienso igual. Vivir en España es más divertido.

B: Y es más tranquilo.

A: 뭐가 더 좋아? 한국에 사는 거 아니면 스페인에 사는 거?
B: 나는 스페인에 사는 게 더 좋아. 넌?
A: 나도 똑같이 생각해. 스페인에 사는 게 더 재미있어.
B: 그리고 더 맘이 편해.

para mí 나에게는
para ti 너에게는
pensar 생각하다
igual 동일하게

Diálogo 2

• 상황 – 오렌지 파이가 맛있다고 칭찬해 주는 상황

A: ¿Te gusta el pastel de naranja?

B: Sí, está bonísimo.

A: ¿En serio? Gracias.

B: Tú eres la mejor cocinera del mundo.

A: 오렌지 파이 좋아?
B: 응, 진짜 맛있다.
A: 정말? 고마워.
B: 넌 세상에서 최고의 요리사야.

pastel 파이
naranja 오렌지
cocinero/a 요리사
mundo 세상

Repaso

cariñoso 다정한
matemáticas 수학
ciencias 과학

1 우등비교와 열등비교를 사용하여 작문해 보세요.

	Pepe		Antonio
01	1.55m		1.50m
02	13 años		14 años
03	55kg		40kg
04	+	(inteligente)	
05		(trabajador)	-
06	+	(bueno en matemáticas)	
07	-	(malo en ciencias)	

1 Pepe es más alta que Antonio.
2 Antonio es ________ que Pepe.
3 Pepe es ________ que Antonio.
4 Pepe es ________ que Antonio.
5 Antonio es ________ que Pepe
6 Pepe es ________ que Antonio.
7 Pepe es ________ que Antonio.

2 비교급 más와 menos를 넣어 보세요.

solo 단지

1 Tengo dos hermanos. → Yo tengo más. Tengo tres.
2 Tengo diez gafas del sol. → Yo tengo ________. Tengo siete.
3 Tengo 30 CD. → Yo tengo ________. Tengo veinte.
4 Tengo diecisiete años. → Yo tengo ________. Tengo dieciocho.
5 Tengo dos ordenadores. → Yo tengo ________. Solo tengo uno.
6 Tengo seis amigos. → Yo tengo ________. Solo tengo cuatro.

3 보기처럼 다음 질문에 스페인어로 말해 보세요.

| 보기 |

¿Cuál es el actor más guapo de Corea? (한국에서 가장 잘생긴 배우)

- Es Jo In Sung.

1 ¿Cuál es la actriz más guapa de Corea?

2 ¿Cuál es la ciudad más interesante del mundo?

3 ¿Cuál es la película más divertida del mundo?

4 ¿Cuál es el libro más aburrido del mundo?

5 ¿Cuál es el idioma más interesante del mundo?

6 ¿Cuál es la comida más rica del mundo?

ciudad 도시
aburrido 지루한
comida 음식
rico/a 맛있는

LECCIÓN 17

쇼핑·소유

¿De qué color los quiere?

어떤 색으로 원하세요?

Diálogo del día

17-1

Vocabulario del día

necesitar 필요하다
cómodo 편안한
color 칼라, 색깔
número 사이즈, 숫자
modelo 모델
probarse 입어보다
azul 파랑색

Ana: Necesito unos zapatos cómodos.
José: ¿De qué color los quiere?
Ana: Azules.
José: ¿Qué número tiene?
Ana: El 36
José: Tenemos estos modelos.
Ana: Quiero probarme estos.

아나: 편한 구두가 필요합니다.
호세: 어떤 색으로 원하세요?
아나: 파랑색요.
호세: 무슨 사이즈세요?
아나: 36입니다.
호세: 이런 모델이 있습니다.
아나: 이거 신어 볼게요.

Gramática

1 지시형용사 '이'와 '그'

뒤에 명사가 올 수 있다. '이'는 말하는 사람과 가까운 거리에, '그'는 상대방과 더 가까운 거리에 있는 명사를 가리킨다.

이 este, esta, estos, estas

	단수	복수
남성	este	estos
여성	esta	estas

그 ese, esa, esos, esas

	단수	복수
남성	ese	esos
여성	esa	esas

Quiero este libro. 이 책을 원해.
Quiero esta falda. 이 치마를 원해.
Quiero esas gafas. 그 안경을 원해.
Quiero esos zapatos. 그 신발을 원해.

⊕명사의 성을 모를 경우에는 중성 지시대명사 esto(이것), eso(그것)를 써도 된다.
¿Qué es esto? 이건 뭐야?
¿Qué es eso? 그건 뭐야?

2 지시대명사 '이것'과 '그것'

지시형용사와 형태가 똑같다. 명사가 오고 안 오고의 차이이다. 지시대명사 안에는 구체적인 명사를 내포하고 있어 화자는 어떤 물건 또는 사람을 염두해 두고 말하면 된다. 사람을 소개하거나 사물을 가리킬 때도 많이 쓰인다.

este, esta, estos, estas

	단수	복수
남성	este 이것, 이 남자	estos 이것들, 이 남자들
여성	esta 이것, 이 여자	estas 이것들, 이 여자들

ese, esa, esos, esas

	단수	복수
남성	ese 그것, 그 남자	esos 그것들, 그 남자들
여성	esa 그것, 그 여자	esas 그것들, 그 여자들

Quiero ese.(sombrero) 그것을(모자) 원해.
Quiero esos.(pantalones) 그것을(바지) 원해.

Este es mi hijo. 이 사람은 내 아들이야.
Esta es mi hija. 이 사람은 내 딸이야.

사람을 가리키는 지시대명사는 중성이 따로 존재하지 않는다.

3 소유대명사 mío / tuyo / suyo

소유대명사는 가리키는 명사의 성과 수에 반드시 일치시켜야 한다.

나의 것(들)	너의 것(들)	그의,그녀의 것(들)
Mi libro 내 책- mío	Tu libro 네 책 - tuyo	Su libro 그의 책 - suyo
Mi casa 내 집 - mía	Tu casa 네 집 - tuya	Su casa 그의 집 - suya
Mis libros 내 집들 - míos	Tus libros 네 책들 - tuyos	Sus libros 그녀의 책들 - suyos
Mis casas 내 집들 - mías	Tus casas 네 집들 - tuyas	Sus casas 그녀의 집들 - suyas

¿De quién es este boli? 이 볼펜은 누구 거야? - Es mío. 내 거야.
¿De quién es esta moto? 이 오토바이는 누구 거야? - Es tuya. 네 거야.
¿De quién son estos calcetines? 이 양말은 누구 거야? - Son suyos. 그녀 거야.

소유대명사는 명사 뒤에 위치해서 후치형 소유형용사로도 쓰인다. Casa Mía(나의 집)는 우리나라 가구 브랜드 이름이기도 하다.
Es un amigo mío.
내 친구 중 한 명입니다.

4 색깔 형용사

색깔 형용사도 가리키는 명사의 성과 수에 따라 성/수 변화한다. 색깔 형용사 역시 명사 뒤에 위치해야 한다.

El bolso rojo 빨간 핸드백
La camisa roja 빨간 셔츠
Los zapatos rojos 빨간 구두
Las gafas rojas 빨간 안경

negro 검정 / rojo 빨강 / blanco 흰색 / amarillo 노랑 / verde 녹색 / rosa 분홍
azul 파랑 / naranja 주황 / lila 보라 / marrón 갈색 / gris 회색

¿De qué color quiere el coche? 자동차를 어떤 색으로 원하세요?
- Blanco. 하얀색이요.
¿De qué color quiere la falda? 스커트를 어떤 색으로 원하세요?
- Roja. 빨간색이요.

색깔 형용사 앞에 명사가 생략되어 있다.
(el coche) blanco,
(la falda) roja,
(los pantalones) negros.

Expresiones útiles

17-2

1 누구 소유인지 묻는 표현

¿De quién es ______?	______는 누구 거예요?
este coche	이 자동차
esta bolsa	이 가방
este cuaderno	이 공책
esta foto	이 사진

2 사람을 소개할 때(남자는 este, 여자는 esta)

Este/Esta es ______	이 분은 ______입니다.
mi novio Manu	내 남자 친구 마누
mi hermano Álvaro	내 동생 알바로
mi madre Fina	내 어머니 피나
mi prima Míriam	내 사촌 미리암

3 어떤 색상을 원하는지 물어 보는 표현

¿De qué color quiere ______?	______을 어떤 색상으로 원하세요?
el sombrero	모자
el biquini	비키니
los zapatos	구두
las botas	부츠

Conversación

17-3

paraguas 우산(단수와 복수형이 같은 명사)

manga 소매,

manga larga 긴 소매

Diálogo 1

• 상황 - 자신의 우산을 찾는 상황

A: ¿De quién es este paraguas?

B: Es mío. ¿Y este?

A: Es de Rosa.

B: ¿Y dónde está el mío?

A: 이 우산 누구 거야?
B: 내 거야. 그럼 이건?
A: 로사 거야.
B: 그럼 내 건 어디 있어?

Diálogo 2

• 상황 - 옷 가게에서

A: ¿Qué desea?

B: Una camisa.

A: ¿Cómo la quiere?

B: Blanca y de manga corta.

A: 무엇을 원하세요?
B: 남방요.
A: 어떤 걸로요?
B: 흰색에 짧은 소매요.

Repaso

1 지시형용사 este, esta, estos, estas를 명사 앞에 넣어 보세요.

1 Quiero __________ zapatos.

2 Quiero __________ pantalones.

3 Quiero __________ reloj.

4 Quiero __________ corbata.

5 Quiero __________ guantes.

6 Quiero __________ botas.

reloj 시계

corbata 넥타이

guantes 장갑

2 지시형용사 este, esta, estos, estas를 써서 사람을 소개해 보세요.

1 __________ es mi hermano Juanjo.

2 __________ es mi hermana Mari Carmen.

3 __________ es mi compañera de trabajo Isabel.

4 __________ es mi amigo Santiago.

5 __________ son mis alumnos.

6 __________ son mis compañeras de clase.

3 소유형용사 mío, mía, míos, mías를 써서 대답해 보세요.

1 ¿De quién es esta bicicleta? – Es __________.

2 ¿De quién es este bolso? – Es __________.

3 ¿De quién son estos zapatos? – Son __________.

4 ¿De quién es este paraguas? – Es __________.

5 ¿De quién son estas tijeras? – Son __________.

6 ¿De quién es este billete? – Es __________.

bicicleta 자전거

billete 지폐

tijeras 가위(항상 복수형으로 쓰이는 명사)

pimiento 피망
naranja 오렌지
plátano 바나나
uva 포도
tomate 토마토
berenjena 가지
cebolla 양파

4 다음 채소와 과일의 색깔을 스페인어로 써 보세요.

1 El pimiento es ________________
2 La naranja es ________________
3 Los plátanos son ________________
4 Las uvas son ________________
5 El tomate es ________________
6 Las berenjenas son ________________
7 La cebolla es ________________

LECCIÓN 18 주말 계획

¿Qué vas a hacer en Nochevieja?

12월 31일에 뭐 할 예정이야?

Diálogo del día

18-1

Ana: ¿Qué vas a hacer en Nochevieja?

José: Voy a ir a una fiesta de unos amigos. ¿Y tú?

Ana: Yo voy a ir al pueblo de mis padres.

José: ¿Y tú y yo cuándo nos vamos a ver?

Ana: Vamos a quedar después de las fiestas.

José: ¿Qué tal el día 5?

Ana: Vale, entonces hasta ese día.

아나: 12월 31일에 뭐 할 거야?

호세: 난 친구들 파티에 갈 거야. 넌?

아나: 난 부모님 고향에 가.

호세: 너와 난 언제 볼까?

아나: 연휴 지나고 보자

호세: 5일은 어때?

아나: 좋아. 그럼 그날 봐.

Vocabulario del día

Nochevieja 12월 31일

fiesta 파티, 연휴

pueblo 마을, 고향

padres 부모님

cuándo 언제

quedar 만나다

entonces 그러면, 그렇다면

hasta 까지

ese 그

Gramática

1 ir (가다) 동사 변화형

① a는 '~(어디)로' 를 의미하는 장소 전치사이다. 뒤에 정관사와 명사를 동반한다. 단, '집'은 관사를 생략한다.

Yo	voy	
Tú	vas	a casa 집
Él / Ella / Usted	va	al cine 영화관
Nosotros	vamos	a la piscina 수영장
Vosotros	vais	
Ellos / Ellas / Ustedes	van	

ⓞ a와 남성 정관사 el이 함께 오면 al이 됩니다. a + el = al

Voy a la biblioteca. 나 도서관 가.

¿Vas al cine esta noche? 오늘밤에 영화관 가?

Voy al gimnasio. 나 헬스장에 가.

Vamos a la playa. 해변에 가자.

② 전치사 en 뒤에 교통수단이 오게 되면 '~를 타고, ~로'를 의미한다. en metro(지하철로), en avión(비행기로), en autobús(버스로), en tren(기차로), en moto(바이크로) 등으로 표현할 수 있다.

ⓞ 교통 수단을 표현할 때 전치사 a를 쓰는 경우도 있다.
a pie 걸어서, a caballo 말 타고

Voy en coche. 나는 자동차로 가.

¿Vas en taxi? 택시로 가?

Voy en autobús. 나는 버스 타고 가.

Vamos en tren. 기차로 가자.

2 [ir + a + 동사원형]으로 미래의 계획 말하기

ir a 다음에 동사원형을 쓰게 되면 영어의 be going to 처럼 '~할 예정이다, ~하려고 해'의 의미를 가지게 된다.

미래의 계획 표현하기

voy	a	jugar al tenis.	나는 테니스 칠 거야
vas	a	hacer surf.	너는 서핑할 거야
va	a	nadar.	그녀는 수영할 거야
vamos	a	montar en bici.	우리는 자전거 탈 거야
vais	a	jugar al fútbol.	너희는 축구할 거야
van	a	patinar.	그들은 스케이트 탈 거야

이 표현은 다음과 같은 미래 부사구와 함께 쓰이니 암기해 두어야 한다. este/esta는 '이번'을 próximo/a는 '다음'을 의미한다.

미래 부사구	
esta tarde 오늘 오후	esta noche 오늘밤
este fin de semana 이번 주말에	este año 올해에
este mes 이번 달에	este jueves 이번 목요일에
mañana 내일	pasado mañana 내일 모레
el próximo año 내년에	la próxima semana 다음 주에
el próximo mes 다음 달에	

3 재귀대명사의 위치 (동사원형 + 재귀대명사)

재귀대명사는 일반동사 앞 또는 동사원형 뒤에 쓸 수 있다. 의미는 둘 다 동일하다.

Yo me voy a levantar.	Yo voy a levantarme. 나 일어날 거야
Tú te vas a levantar.	Tú vas a levantarte. 너 일어날 거야
Él se va a levantar.	Él va a levantarse. 그는 일어날 거야
Nosotros nos vamos a levantar.	Nosotros vamos a levantarnos. 우리는 일어날 거야
Vosotros os vais a levantar.	Vosotros vais a levantaros. 너희는 일어날 거야
Ellos se van a levantar.	Ellos van a levantarse. 그들은 일어날 거야

Voy a lavarme las manos. 나 손 씻을게.

¿Vas a ducharte ahora? 너 지금 샤워할거야?

Sara no va a maquillarse. 사라는 화장 안 할 거야.

Expresiones útiles

18-2

1 자주 가는 곳 묻는 표현

¿Con qué frecuencia vas a ______? 얼마나 자주 ______에 가니?

a la piscina	수영장에
al cine	영화관에
a la montaña	산에
al zoo	동물원에

2 나의 미래 계획 표현하기

Voy a ______ 나 ______할 예정이야.

a leer en la bibilioteca	도서관에서 책 읽기
a nadar en la piscina	수영장에서 수영하기
a comer en la cocina	주방에서 밥 먹기
a cantar en el teatro	극장에서 노래하기

3 상대에게 제안하기

Vamos a ______ (우리) ______하자.

jugar a los bolos	볼링치기
comer juntos	같이 밥먹기
quedar mañana	내일 만나기
tomar una copa	한 잔 하기

Conversación

18-3

Diálogo ①

• 상황 – 교통 수단을 묻는 상황

A: ¿Cómo vas a la escuela?

B: Voy en metro.

A: ¿Cómo vas a casa de tu familia?

B: Voy en tren.

A: 학교에 어떻게 가?

B: 지하철로 가.

A: 고향(가족) 집에는 어떻게 가?

B: 기차로 가.

Diálogo ②

• 상황 – 이번 주말 계획을 물어 봅니다.

A: ¿Con qué frecuencia vas al cine?

B: Voy al cine de vez en cuando.

A: ¿Vas a ir al cine este fin de semana?

B: Sí, voy a ver una película.

A: 얼마나 자주 영화관에 가?

B: 가끔 가.

A: 이번 주말에 영화관에 갈 거야?

B: 응, 영화 한 편 볼 거야.

Repaso

1 다음 빈 칸에 ir + a/en을 사용하여 문장을 완성하세요.

1 Mi novio y yo ______________ ______________ bicicleta.
2 Rosa siempre ______________ ______ pie.
3 Cuando estoy en Jeju, ______________ ______ caballo.
4 Yo mañana ______________ ______________ trabajar ________ autobús.
5 ¿Dónde ______________ tú?
- ______________ ______________ la discoteca.

2 다음 장소와 빈도 부사를 연결해서 말해 보세요.

1 Casi nunca
2 A menudo
3 De vez en cuando
4 Nunca

• voy al cine
• voy al parque
• voy al gimnasio
• voy al la piscina
• voy al la biblioteca
• voy al la montaña
• voy al la discoteca

a menudo 자주
de vez en cuando 가끔
casi nunca 거의~하지 않아
nunca 절대로
biblioteca 도서관
montaña 산
discoteca 클럽

3 빈 칸에 알맞은 재귀 대명사를 넣어 문장을 완성하세요.

1 ¿______________ vas a duchar?
2 ¿______________ vais a levantar temprano manana?
3 Pablo ______________ va a afeitar ahora.
4 Mi marido y yo ______________ vamos a acostar temprano hoy.
5 ______________ vamos a lavor las mamos antes de comer.
6 ______________ voy a vestir muy bien en la boda.

4 다음 대화체를 완성해 보세요.

1 Paco: ¿Qué ______ hacer este fin de semana?

2 Rosa: Voy ______ a la playa y voy ______ surf.

3 Paco: Yo también voy ______ surf. Me encanta.

Rosa: ¿Vamos juntos?

4 Paco: Sí, genial. ¿Y qué vas ______ por la noche?

5 Rosa: Voy ______ a la discoteca. ¿Quieres ir conmigo?

6 Paco: Sí, claro. Vamos ______ toda la noche.

LECCIÓN 19 위치·거리

¿Hay un banco por aquí?

이 근처에 은행이 있습니까?

Diálogo del día

19-1

Ana: Perdone, ¿hay un banco por aquí?

José: Sí, hay uno en la Plaza Mayor.

Ana: ¿Dónde está la Plaza Mayor?

José: Está junto a la calle La Vega.

Ana: ¿Está lejos?

José: Sí, está un poco lejos, a unos diez minutos en metro.

Ana: ¿Dónde hay una estación de metro?

José: Está aquí en la esquina.

아나: 실례합니다만, 이 근처에 은행이 있나요?

호세: 네, 마요르 광장에 한 개 있어요.

아나: 마요르 광장은 어디에 있나요?

호세: 라 베가 거리 옆에 있어요.

아나: 멀어요?

호세: 네, 조금 멀어요. 지하철로 약 10분 거리에 있어요.

아나: 지하철 역은 어디에 있나요?

호세: 여기 모퉁이에 있습니다.

Vocabulario del día

perdonar 용서하다

banco 은행

junto a ~ 옆에

lejos 멀리

cerca 가까이

minuto 분

estación de metro 지하철

por aquí 이 근처

esquina 모퉁

Gramática

1 está / están ~에 위치해 있다

estar(~에 위치해 있다) 동사와 의문사 dónde(어디에)가 함께 쓰여 위치를 물을 수 있다. estar 동사는 estoy, estás, está, estamos, estáis, están으로 동사 변화한다. 위치를 물을 때는 ¿Dónde está ~?, ¿Dónde están~? 다음에 사물 또는 건물 등을 넣어 말하면 된다.

① está + 정관사(el) + 단수명사

¿Dónde está la Biblioteca Nacional? 국립 도서관이 어디에 있어요?

② están + 정관사(los) + 복수명사

¿Dónde están los alumnos? 학생들이 어디에 있어요?

③ está/están + 소유형용사(mi/s, tu/s, su/s) + 명사

¿Dónde está mi camisa? 내 셔츠가 어디에 있어?

¿Dónde están mis gafas? 내 안경이 어디에 있어?

estar 동사로 장소 위치를 물을 때는 구체적인 장소 명사가 와야 한다. 따라서 부정관사는 절대 올 수 없다.
¿Dónde está una estación de metro? (×)
¿Dónde está la estación de metro? (○)

2 위치 부사구

장소를 말할 때 많이 쓰이는 위치 부사구는 꼭 암기해야 한다. 전치사 de, a와 정관사 el이 함께 오게 되면 del, al로 축약되어야 한다.

① encima de ~위에

El gato está encima de la mesa.

고양이는 탁자 위에 있다.

② debajo de ~아래에

El gato está debajo de la mesa.

고양이는 탁자 아래에 있다.

③ delante de ~앞에

La niña está delante de la mesa.

아이는 탁자 앞에 있다.

④ detrás de ~뒤에

La niña está detrás de la mesa.

아이는 탁자 뒤에 있다.

⑤ junto a ~옆에

El gato está junto al perro.

고양이는 강아지 옆에 있다.

⑥ enfrente de ~정면에

Laura está enfrente de Rosa.

라우라는 로사 정면에 있다.

전치사 de + el = del → delante del armario 가구 앞에
a + el = al → junto al centro comercial 쇼핑몰 옆에

3 hay ~가 있다/존재하다

hay는 '~가 있다, 존재하다'는 의미로 영어의 there is, there are와 동일한 의미로 동사변화가 단 한 개이다. 부정문은 no hay이다. 뒤에 단수명사, 복수명사, 부정관사, 숫자가 올 수 있으나 정관사는 절대로 올 수 없다.

① hay + 단수명사

Hay agua en la nevera. 냉장고에 물이 있어.

No hay pan. 빵이 없어.

② hay + 복수명사

Hay bancos en la calle del Rey. 레이 거리에 은행이 있어.

No hay restaurantes en la Plaza Mayor. 마요르 광장에 레스토랑이 없어.

③ hay + 부정관사(**un/una**) + 단수명사

¿Dónde hay una estación de metro? 지하철 역이 어디에 있나요?

-Hay una cerca. 근처에 한 개 있어요.

④ hay + 숫자(**unos/unas/dos/tres...**) + 복수명사

En la calle Jong Ro hay dos oficinas de turismo. 종로에 관광안내소가 두 개 있어요.

En España hay muchas playas. 스페인에 해변이 많아요.

⊕hay 동사 다음에는 정관사 el/la/los/las, 소유형용사 mi/tu/su는 절대 올 수 없다.

¿Dónde hay el cine? (×)

¿Dónde hay un cine? (○)

¿Dónde hay mis gafas? (×)

¿Dónde están mis gafas? (○)

Expresiones útiles

19-2

1 위치 묻기 (estar + 구체적인 장소 명사)

¿Dónde está ______________? ______________는 어디에 있어요?

la Iglesia Myung Dong	명동성당
el Cine Cube	시네큐브
el Supermercado E-Mart	이마트
el Banco Woo Ri	우리은행

2 위치 묻기 (hay + 부정관사)

¿Hay ______________ por aquí? 이 근처에 ______________가 있어요?

una oficina de Correos	우체국
una oficina de turismo	관광안내소
una parada de autobús	버스정류장
un banco	은행

3 거리 표현

Está a ______________ de aquí 여기서 ______________(시간, 분) 거리에 있어요.

unos cinco minutos	약 5분
unos quince minutos	약 15분
una hora	1시간
media hora	30분

Conversación

19-3

Diálogo 1

• 상황 – 엄마에게 자신의 물건이 어디에 있는지 물어봅니다.

A: Mamá, ¿dónde están mis libros?

B: Están encima del sofá.

A: ¿Dónde están mis deportivas?

B: Están dentro del armario.

deportivas 운동화

armario 옷장, 신발장

A: 엄마, 내 책 어디 있어요?

B: 소파 위에 있잖아.

A: 내 운동화는 어디 있어요?

B: 신발장 안에 있어.

Diálogo 2

• 상황 – 한국 레스토랑이 어디에 있는지 물어보는 상황

A: Perdona, ¿hay un restaurante coreano cerca?

B: Hay uno en la calle La Plaza.

A: ¿Está cerca?

B: Sí, está a unos cinco minutos andando.

andando 걸어서

andar(걷다)의 현재분사형

A: 실례합니다만, 근처에 한국 식당이 있나요?

B: 라 플라사 거리에 하나 있어요.

A: 가까워요?

B: 네, 걸어서 5분 거리입니다.

Repaso

1 위치 부사구를 사용하여 문장을 완성해 보세요.

1 La guitarra ____________________
(기타는 침대 아래에 있다)

2 El ordenador ____________________
(컴퓨터는 침대 위에 있다)

3 El hámster ____________________
(햄스터는 우리 안에 있다)

4 Los zapatos ____________________
(구두는 선반 위에 있다)

5 La mochila ____________________
(백팩은 옷장 안에 있다)

6 Los calcetines ____________________
(양말은 선반 아래에 있다)

cama 침대
jaula 우리
estantería 선반

2 hay 동사 앞에 적절한 부정 관사 un, una, unos, unas를 넣어 보세요.

1 Hay ________ pupitres.
2 Hay ________ sillas.
3 Hay ________ mapa.
4 Hay ________ cortina.
5 Hay ________ alumnos.
6 Hay ________ reloj.
7 Hay ________ ordenador.
8 Hay ________ cuadernos.

pupitres 책상
sillas 의자
mapa 지도
cortina 커튼
reloj 시계
ordenador 컴퓨터
cuadernos 공책

calcetines 양말

leche 우유

nevera 냉장고

3 hay, está, están을 사용하여 문장을 완성해 보세요.

1 En mi pueblo ______ dos teatros.

2 ¿Dónde ______ tu novio?

3 ¿Dónde ______ una biblioteca?

4 En mi ciudad ______ dos museos.

5 Mamá, ¿dónde ______ mis calcetines?

6 ¿______ leche en la nevera?

LECCIÓN 20 재능·부탁·허락

¿Sabes cocinar?

요리할 줄 아니?

Diálogo del día

20-1

José: Ana, ¿sabes mucho de la comida española?

Ana: Sí, sé bastante. Conozco muchas tapas, jamón, patatas bravas, paella...

José: ¿Sabes cocinar paella?

Ana: No, no sé cocinar Paella. Pero conozco un buen restaurante. Se llama Popeye.

José: ¿Ah sí? Yo no lo conozco. ¿Sabes dónde está?

Ana: Sí lo sé. Está en la calle Carrajolilla.

호세: 아나, 스페인 음식에 대해 많이 알아?

아나: 응, 꽤 알지. 많은 타파스들, 하몽, 빠따따스 브라바스, 빠에야...

호세: 빠에야 만들 줄 알아?

아나: 아니, 빠에야 요리할 줄 몰라. 그런데 좋은 식당은 알고 있어. "뽀빠이"라고 해.

호세: 아, 그래? 나는 그 식당 몰라. 어디 있는지 알아?

아나: 응, 알아. 까라홀리야 거리에 있어.

Vocabulario del día

comida 음식

tapas 스페인식 스낵, 간식

patatas bravas 매운 소스 곁들인 감자튀김

calle 거리

Gramática

1 saber 동사: ~를 알다

① saber + 동사원형

saber 다음에 동사가 바로 나오게 되면 '~할 줄 안다'는 의미의 재능을 말하게 된다. 1인칭에서 sé로 변화하는 불규칙 동사이다.

Yo	sé	
Tú	sabes	
Él, ella, usted	sabe	hablar español
Nosotros	sabemos	스페인어 할 줄 알아
Vosotros	sabéis	
Ellos, ellas, ustedes	saben	

Yo sé hablar chino. 나 중국어 할 줄 알아.

¿Tú sabes hablar japonés? 너 일본어 할 줄 아니?

Rosa sabe hablar coreano muy bien. 로사는 한국어 아주 잘 할 줄 알아.

할 줄 모를 때는 No만 붙여서 No sé hablar chino. (중국어 할 줄 몰라요) 간단하게 No sé 라고만 대답해도 된다.

② saber + 명사 또는 절이 올 때

saber 동사는 사람, 장소를 바로 뒤에 취할 수 없습니다. 정보 또는 지식 등만 올 수 있다.

Sé su nombre. 그의 이름을 알아.

No sé su número de teléfono. 그녀의 전화번호를 몰라.

Sé que Pepe es español. 페페가 스페인 사람인 거 알아.

¿Sabes que Rosa es colombiana? 로사가 콜롬비아 사람인 거 아니?

③ saber de ~

'~에 대해 알다'는 뜻으로 '정보 또는 지식을 안다'는 의미이다.

Sé mucho de Gema. 헤마에 대해 많이 알아.

Sé mucho de México. 멕시코에 대해 많이 알아.

Sé mucho de comida española. 스페인 음식에 대해 많이 알아.

Sé bastante. 충분히 알아
Sé un poco. 조금 알아
Sé muy poco. 거의 몰라
No sé nada. 전혀 몰라

2 poder + 동사원형: ~할 수 있다

영어의 can에 해당하는 조동사로 가능성을 말할 때 쓴다. puedo nadar는 '수영을 할 수 있다' 즉 재능이 아니라 가능성을 말한다. no puedo nadar라고 말하면 (발을 다쳐서) '수영을 할 수 없다'는 불가능한 상황을 의미한다.

Yo	puedo		
Tú	puedes		
Él / Ella / Usted	puede	nadar	수영할 수 있어
Nosotros	podemos		
Vosotros	podéis		
Ellos / Ellas / Ustedes	pueden		

Yo puedo conducir. 내가 운전할 수 있어요. (운전이 가능한 상황)

Yo no puedo conducir. 저 운전할 수 없어요. (술을 마셔서 거절하는 상황)

¿Tú puedes conducir? 너 운전할 수 있어? (상대방에게 운전을 부탁하는 상황)

3 conocer 동사 + 사람, 장소: ~를 알다

뭔가에 대해 자세히 안다는 의미를 갖고 있다. 주로 뒤에 사람, 장소 명사가 나온다. 1인칭에서 -zco로 변화하는 불규칙 동사이다. 사람은 주로 (만나봐서) 아는 경우, 장소는 가봐서 아는 경우를 말한다.

Yo	conozco	
Tú	conoces	a David. 다비드를 알아
Él / Ella / Usted	conoce	a Marta. 마르타를 알아
Nosotros	conocemos	México. 멕시코 알아
Vosotros	conocéis	
Ellos / Ellas / Ustedes	conocen	

Conozco al vecino. 이웃 남자를 알아.

Conozco al profesor de español. 스페인어 선생님 알아.

No conozco al presidente de España. 스페인 대통령 몰라.

No conozco la Sagrada Familia. 사그라다 파밀리아 몰라. (안 가봤어)

No conozco el Palacio Alhambra. 알람브라 궁전 몰라. (안 가봤어)

conocer 동사 뒤에 음식, 책, 영화, 노래 등이 나오면 (먹어봐서, 읽어서, 봐서, 들어서 자세히) 안다는 의미이다.

Conozco el gazpacho.
가스파초 알아.

Conozco esta canción.
이 노래 알아.

4 목적격 대명사 lo / la / los / las

사람을 받는 목적격 대명사 lo(그를), la(그녀를), los(그들을), las(그녀들을)는 동사 앞에 위치해야 한다.

Lo 그를	→	¿Tú conoces a José? 너 호세 알아? - Sí, lo conozco. 그래, 알아.
La 그녀를	→	¿Tú conoces a Rosa? 너 로사 알아? - Sí, la conozco. 그래, 알아.
Los 그들를	→	¿Tú conoces a lose padres de José? 너 호세 부모님 알아? - Sí, los conozco. 그래, 알아.
Las 그녀들을	→	¿Tú conoces a las hermanas de Rosa? 너 로사 언니들 알아? - Sí, las conozco. 그래, 알아.

Expresiones útiles

20-2

1 상대의 재능 알아보기

¿Sabes ____________? ____________ 아니?

bailar flamenco	플라멩코 출 줄
jugar al fútbol	축구할 줄
tocar la guitarra	기타 칠 줄
montar a caballo	말 탈 줄

2 상대에게 정중하게 부탁하기

¿Puedes ____________? ____________ 있어요?

darme el billete	티켓 줄 수
darme el pasaporte	여권 줄 수
traerme el agua	물 갖다 줄 수
prestarme el libro	책 빌려 줄 수

3 허락을 구할 때

¿Puedo ____________? ____________ 돼요?

ir al baño	화장실 가도
salir un rato	잠시 나가도
entrar	들어가도
hablar	말해도

Conversación

20-3

Diálogo ❶

• 상황 - 친구가 요리를 잘 한다고 칭찬합니다

A: La paella está riquísima. Sabes cocinar muy bien.

B: Gracias. Yo cocino mucho. ¿Tú no?

A: Yo no sé cocinar. Cocino muy mal.

B: Tienes que aprender a cocinar.

A: 파에야 정말 맛있다. 너 요리 잘 하는 구나.
B: 고마워. 나 요리 많이 해. 넌 안 해?
A: 난 요리할 줄 몰라. 요리 아주 못 해.
B: 요리하는 거 배워야겠다.

Diálogo ❷

• 상황 - 세고비아에 가봤는지 물어봅니다

A: ¿Tú conoces Segovia?

B: No, yo no conozco Segovia.

A: Es muy famoso por Acueducto.

B: Quiero conocer Segovia.

A: 너 세고비아 알아?
B: 아니, 안 가봤어.
A: 로마 수도교로 유명해.
B: 세고비아 가 보고 싶다.

Repaso

1 saber 동사를 사용하여 보기와 같이 자신의 재능을 말해 보세요.

| 보기 |

난 축구할 줄 알아. → Yo sé jugar al fútbol.

난 축구할 줄 몰라. → Yo no sé jugar al fútbol.

1 ______ conducir.

2 ______ dibujar.

3 ______ jugar al tenis.

4 ______ actuar.

5 ______ montar a caballo.

6 ______ esquiar.

conducir 운전하다

dibujar 그림 그리다

actuar 연기하다

montar a caballo 말 타다

esquiar 스키타다

2 saber 동사와 concocer 동사를 구분해서 써 보세요.

1 Yo ______ al profesor Navarro.

2 Y no ______ dónde está la Plaza Mayor.

3 ¿Tú ______ al nuevo compañero Roa?

4 Pepe ______ mucho de política.

5 Yo no ______ el Parque de Retiro.

6 ¿Tú ______ un buen restaurante mexicano?

③ 목적격 대명사 lo/la/los/las를 사용하여 말해 보세요.

| 보기 |

¿Conoces a Javier Bardem? 하비에르 바르뎀 알아?
- Sí, lo conozco/No lo conozco. 그래, 알아/몰라.

1 ¿Conoces a Enrique Iglesias?

- ______

2 ¿Conoces a Paulo Coelho?

- ______

3 ¿Conoces a Frida Kahlo?

- ______

4 ¿Conoces a Diego Rivera?

- ______

5 ¿Conoces al presidente de España?

- ______

6 ¿Conoces a los chicos de BTX?

- ______

Apéndice

LECCIÓN 01

1

1 Qué tal? / Ni fu ni fa. / Yo estoy muy bien. Este es Leo. / Encantado/a.
2 Gracias. Este es señor Ramírez. / Igualmente.

2

1 yo soy Raúl. 2 yo soy María.
3 yo soy Alicia. 4 yo no soy Paulo.
5 yo no soy Luis. 6 yo no soy Felipe.

3

1 estás 2 noches
3 Hasta 4 Bastante
5 Mucho gusto. 6 Esta es

LECCIÓN 02

1

1 enfermera 2 actor
3 tenista 4 cocinera
5 reina 6 escritor
7 dentista 8 futbolista

2

1 actriz 2 cantante
3 pintora 4 director del cine
5 escritor 6 arquitecto

3

1 soy, francés 2 es, chino
3 Ella, médica 4 soy, de, Económicas
5 es, de, Medicinas

LECCIÓN 03

1

1 ¿Eres tú español? / Yo soy mexicana. / Encantado.
2 ¿De dónde eres tú? / ¿De qué ciudad eres?

2

1 española 2 mexicana
3 colombiana 4 español
5 portugués 6 francés

3

1 franceses 2 brasileñas
3 profesores 4 actrices
5 alemanes 6 japoneses
7 ingleses 8 españoles

4

1 soy 2 es brasileño
3 italiana 4 somos franceses
5 sois japoneses 6 son mexicanos

LECCIÓN 04

1

1 guapo 2 fea
3 gorda 4 delgada
5 moreno 6 rubia
7 joven 8 vieja

2

1 Soy trabajador, alegre y atrevido. / ¿Eres nervioso? / soy muy tranquilo.
2 Es guapa, alta y delgada. / es divertida y muy amable.

4

1 trabajadora
2 son, guapas
3 atrevido(a)
4 un poco tímido(a)
5 guapo, cariñoso

LECCIÓN 05

1

1 enfermo
2 cansado
3 triste
4 contento
5 ocupado
6 enfadado

2

1 Perú
2 Cuba
3 Brasil
4 Ecuador
5 Colombia
6 Paraguay

3

1 estás, estoy
2 está, Está
3 están, Están
4 estás, Estoy
5 está, Está
6 están, Están

4

1 estoy, cansado(a)
2 está, enferma
3 Estoy, agotada
4 Estáis cansados
5 está en

LECCIÓN 06

1

1 el hospital
2 el restaurante
3 la tienda
4 el despacho
5 la policía
6 el periódico

2

1 español
2 portugués
3 español
4 inglés
5 francés
6 ruso

3

1 escucho
2 trabajo
3 hablo
4 toco
5 bailo
6 fumo

LECCIÓN 07

2

1 bebo
2 leo
3 veo
4 hago
5 escribo
6 juego

3 [예]

1 A menudo bebo vino.
2 Casi nunca como tacos.
3 Siempre juego al golf.
4 A veces hago yoga.
5 A veces salgo de noche.
6 A menudo leo novela.
7 Nunca juego al fútbol.

LECCIÓN 08

1

1 Estamos a diecisiete de enero.
2 Estamos a quince de marzo.
3 Estamos a veinticuatro de julio.
4 Estamos a treinta y uno de septiembre.
5 Estamos a once de diciembre.

2

1 uno de enero
2 seis de enero
3 catorce de febrero
4 doce de octubre
5 veinticuatro de diciembre

3

1 tengo
2 tiene
3 tenemos
4 tiene
5 tienen

LECCIÓN 09

1

1 Es la una (en punto).
2 Son las siete y media.
3 Son las diez menos diez.
4 Son las cinco y veinte.
5 Son las tres y cuarto.

2

1 la una
2 las dos y media
3 las diez menos cuarto
4 las diez y media
5 las once y cuarto

3

1 las ocho y media 2 la una y cuarto
3 las seis 4 las dos
5 las doce y veinte

LECCIÓN 10

1

1 Hace 2 Hace
3 Está 4 Hay
5 Hace 6 Hay
7 Hace 8 Hace

2

1 mucho 2 mucho
3 mucho 4 muy
5 mucha 6 muy
7 muy 8 mucho

3

1 Hace buen tiempo y hace sol.
2 Hace mucho calor y llueve mucho.
3 Hace buen tiempo, hace fresco y hace viento.
4 Hace mucho frío y nieva mucho.

LECCIÓN 11

1

1 Quiero comer pizza.
2 Quiero dormir la siesta.
3 Quiero beber el agua.
4 Quiero poner el aire.
5 Quiero coger el taxi.
6 Quiero poner la calefacción.
7 Quiero ir al médico.

2

1 Yo también. / Yo no.
2 Yo tampoco. / Yo sí.
3 Yo también. / Yo no.
4 Yo tampoco. / Yo sí.
5 Yo también. / Yo no.
6 Yo tampoco. / Yo sí.

3

1 mucha 2 mucho
3 mucha 4 muchos
5 muchas 6 muchos

LECCIÓN 12

1

1 (No) Me gusta 2 (No) Me gustan
3 (No) Me gusta 4 (No) Me gustan
5 (No) Me gusta 6 (No) Me gusta

3 해석

1 나는 동물을 좋아하지 않아.
2 나는 파티를 좋아해.
3 나는 옷을 잘 입는 것을 좋아해.
4 나는 말 많이 하는 거 좋아하지 않아.
5 혼자 여행하는 거 좋아하지 않아.

LECCIÓN 13

1

1 Nos acostamos a la una.
2 Me maquillo.
3 Te duchas en diez minutos.
4 Rosa se levanta a las ocho.
5 Os laváis las manos.
6 Paco y Lola se ponen perfume.

2 (해석)

1 나는 샤워한다 2 나는 머리를 감는다
3 나는 이를 닦는다 4 나는 선글라스를 낀다
5 나는 향수를 뿌린다 6 나는 선크림을 바른다

4

1 Se levanta a las ocho y cuarto.
2 Se lava, se viste, se maquilla y toma el desayuno.
3 Come a la una.
4 Empieza las clases a las seis y veinte.
5 Se acuesta a las doce de la noche.

LECCIÓN 14

1

1 cantando 2 bailando
3 comiendo
4 escuchando música
5 durmiendo 6 estudiando
7 limpiando 8 duchándose

2

1 Estoy duchándome
2 están bañando
3 está muriendo 4 estoy vistiéndome
5 está durmiendo 6 estoy lavándome

LECCIÓN 15

1

1 Lo quiero. 2 La quiero.
3 Lo quiero. 4 Los quiero.
5 Las quiero.

2

1 d 2 a
3 c 4 b

3

1 La veo. 2 Lo veo.
3 La veo. 4 Los veo.
5 Las veo.

4

1 te lo doy 2 te la doy
3 te lo doy 4 te los doy
5 te las doy 6 te lo doy

LECCIÓN 16

1

2 mayor 3 más gordo
4 más inteligente 5 menos trabajador
6 mejor en matemáticas
7 peor en ciencias

2

2 menos
3 menos 4 más
5 menos 6 menos

LECCIÓN 17

1

1 estos 2 estos
3 este 4 esta
5 estos 6 estas

2

1 Este 2 Esta
3 Esta 4 Este
5 Estos 6 Estas

3

1 mía 2 mío
3 míos 4 mío
5 mías 6 mío

4

1 verde 2 naranja
3 amarillos 4 lilas
5 rojo 6 lilas
7 blanca

LECCIÓN 18

1

1 vamos en 2 va a
3 voy a 4 voy a, en
5 vas, voy a

3

1 te 2 os
3 se 4 nos
5 nos 6 me

4

1 vas a 2 a ir, a hacer
3 a hacer 4 a hacer
5 a bailar 6 a bailar

LECCIÓN 19

1

1 está debajo de la cama.
2 está encima de la cama.
3 está dentro de la jaula.
4 están encima de la estantería.
5 está dentro del armario.
6 están debajo de la estantería.

2

1 unos 2 unas
3 un 4 una
5 unos 6 un
7 un 8 unos

3

1 hay 2 está
3 hay 4 hay
5 están 6 Hay

LECCIÓN 20

2

1 conozco 2 sé
3 conoces 4 sabe
5 conozco 6 conoces